教育部　财政部职业院校教师素质提高计划成果系列丛书
教育部　财政部职业院校教师素质提高计划职教师资开发项目
《市场营销》专业职教师资培养资源开发（VTNE071）（负责人：周游）

市场营销职业教师教学组织与设计

主　编　张颖南

副主编　刘兴革　周　游

科学出版社

北　京

内 容 简 介

本书为职业院校教师素质提高计划本科专业职教师资培养资源开发项目主干核心教材，定位于基础性、实用性和适度性，编写紧密围绕中等职业院校教师的教学全过程，包括教学前的准备、教学过程中的组织与控制及教学后的评价与反思三部分的理论教学内容，以及校内实训和校外实训两部分的实践教学内容。每部分又包含任务导读、学习目标、实施指导、学习范例、模拟实训、工具使用及知识巩固几部分。

本书文字简练、结构清晰、图文并茂、重点突出、实用性强，可供市场营销教育专业本科教学使用，亦可作为市场营销相关专业新教师参考用书。

图书在版编目（CIP）数据

市场营销职业教师教学组织与设计/张颖南主编. —北京：科学出版社，2017.10

（教育部财政部职业院校教师素质提高计划成果系列丛书）

ISBN 978-7-03-054351-6

Ⅰ.①市… Ⅱ.①张… ②刘… Ⅲ.①市场营销学-教学设计-职业教育-师资培训-教材 Ⅳ.①F713.50-42

中国版本图书馆 CIP 数据核字（2017）第 218909 号

责任编辑：张 宁 王京苏 / 责任校对：王 瑞
责任印制：吴兆东 / 封面设计：蓝正设计

科 学 出 版 社 出版
北京东黄城根北街 16 号
邮政编码：100717
http://www.sciencep.com

北京京华虎彩印刷有限公司 印刷
科学出版社发行 各地新华书店经销

*

2017 年 10 月第 一 版 开本：787×1092 1/16
2018 年 1 月第二次印刷 印张：13 1/2
字数：320 000

定价：42.00 元
（如有印装质量问题，我社负责调换）

教育部 财政部职业院校教师素质提高计划
职教师资培养资源开发项目专家指导委员会

主　任：刘来泉

副主任：王宪成　郭春鸣

成　员：（按姓氏笔画排列）

刁哲军　王乐夫　王继平　邓泽民　石伟平　卢双盈　汤生玲

米　靖　刘正安　刘君义　孟庆国　沈　希　李仲阳　李栋学

李梦卿　吴全全　张元利　张建荣　周泽扬　姜大源　郭杰忠

夏金星　徐　流　徐　朔　曹　晔　崔世钢　韩亚兰

出 版 说 明

《国家中长期教育改革和发展规划纲要（2010—2020年）》颁布实施以来，我国职业教育进入到加快构建现代职业教育体系、全面提高技能型人才培养质量的新阶段。加快发展现代职业教育，实现职业教育改革发展新跨越，对职业学校"双师型"教师队伍建设提出了更高的要求。为此，教育部明确提出，要以推动教师专业化为引领，以加强"双师型"教师队伍建设为重点，以创新制度和机制为动力，以完善培养培训体系为保障，以实施素质提高计划为抓手，统筹规划，突出重点，改革创新，狠抓落实，切实提升职业院校教师队伍整体素质和建设水平，加快建成一支师德高尚、素质优良、技艺精湛、结构合理、专兼结合的高素质专业化的"双师型"教师队伍，为建设具有中国特色、世界水平的现代职业教育体系提供强有力的师资保障。

目前，我国共有60余所高校正在开展职教师资培养，但由于教师培养标准的缺失和培养课程资源的匮乏，制约了"双师型"教师培养质量的提高。为完善教师培养标准和课程体系，教育部、财政部在"职业院校教师素质提高计划"框架内专门设置了职教师资培养资源开发项目，中央财政划拨1.5亿元，系统开发用于本科专业职教师资培养标准、培养方案、核心课程和特色教材等系列资源。其中，包括88个专业项目，12个资格考试制度开发等公共项目。该项目由42家开设职业技术师范专业的高等学校牵头，组织近千家科研院所、职业学校、行业企业共同研发，一大批专家学者、优秀校长、一线教师、企业工程技术人员参与其中。

经过三年的努力，培养资源开发项目取得了丰硕成果。一是开发了中等职业学校88个专业（类）职教师资本科培养资源项目，内容包括专业教师标准、专业教师培养标准、评价方案，以及一系列专业课程大纲、主干课程教材及数字化资源；二是取得了6项公共基础研究成果，内容包括职教师资培养模式、国际职教师资培养、教育理论课程、质量保障体系、教学资源中心建设和学习平台开发等；三是完成了18个专业大类职教师资资格标准及认证考试标准开发。上述成果，共计800多本正式出版物。总体来说，培养资源开发项目实现了高效益：形成了一大批资源，填补了相关标准和资源的空白；凝聚了一支研发队伍，强化了教师培养的"校—企—校"协同；引领了一批高校的教学改革，带动了"双师型"教师的专业化培养。职教师资培养资源开发项目是支撑专业化培养的一项系统化、基础性工程，是加强职教教师培养培训一体化建设的关键环节，也是对职教师资培养培训基地教师专业化培养实践、教师教育研究能力的系统检阅。

自2013年项目立项开题以来，各项目承担单位、项目负责人及全体开发人员做了大量深入细致的工作，结合职教教师培养实践，研发出很多填补空白、体现科学性和前瞻性的成果，有力推进了"双师型"教师专门化培养向更深层次发展。同时，专家指导委员会的各位专家以及项目管理办公室的各位同志，克服了许多困难，按照两部对项目开发工作的总体要求，为实施项目管理、研发、检查等投入了大量时间和心血，也为各个项目提供了专业的咨询和指导，有力地保障了项目实施和成果质量。在此，我们一并表示衷心的感谢。

教育部　财政部职业院校教师素质
提高计划成果系列丛书编写委员会
2016 年 3 月

前　言

　　教学并非仅仅是技术，也是艺术，而技术与艺术之间的转化和交融取决于教师对教学的从态度、认知到构想、设计再到组织、把控的全过程，而这是一个循序渐进的发展过程，也是一名教师从"初出茅庐"到"身经百战"的蜕变过程。本书作为教育部、财政部"职业院校教师素质提高计划，本科专业职教师资培养资源开发"项目市场营销开发包的重要成果之一，主要作为职教师资培养基地教学用教材，也可以作为职教师资参考用书，力图帮助新入职教师缩短从"掌握教学技术"到"运用教学艺术"的过程。

　　教学绝不仅仅是课堂上 45 分钟的事情，换句话讲，如果想在短短的 45 分钟把控好教学过程，教师需要在讲课前准备更多的 45 分钟、在讲课后反思更多的 45 分钟；教学也绝不仅仅是发生在教室内的活动，而是通过向学生传递知识、促进学生理论吸收与技能发展的过程中发生在任何时间和空间的活动，因此，教学包括理论教学和实践教学，理论教学过程从顺序上包括教学前的准备、教学过程中的组织与控制及教学后的评价与反思；实践教学从实现空间上包括校内实践和校外实践。本书从教学全过程设计内容上分为教学技能和实训技能两部分，每部分所包含的内容以项目为单位进行区分，项目所包含的内容又以任务为单位进行区分，其中项目一、项目二、项目三、项目五、项目六下的具体任务是按照工作发展的逻辑顺序进行纵向编排的，项目四下的具体任务是按照工作内容进行横向罗列编排的。

　　对于职教师资来说，他们的教学对象是中等职业院校的学生，这些学生是一群年轻、有活力、有个性、重实践能力而学术水平却相对薄弱的群体，因此教师需要针对这些学生的特征因材施教，本书明确针对该对象群体特征而设计其教师所应用的教学方法与技巧。同时，为了使这些师资能够迅速掌握教学组织与设计方法，本书以通俗易懂的语言表达，用直观简便的教学案例、表格工具等为其提供参考，形成了具有"傻瓜式"特色的参考用书。

　　本书编写组在认真讨论及分工的基础上，由经验丰富的教学名师周游提供总体思路统筹，由从事本科教学和职业教学工作的一线教师编写及修改而成。具体分工是：张颖南编写项目一、项目二、项目四，梅鹏编写项目三，张萍编写项目五，孔繁立编写项目六。同时，本书的编写得到了哈尔滨商业大学市场营销专业周游教授的指导和统筹，金明华、尚慧丽、袁慎祥、易加斌、徐惠坚提供了宝贵建议，在此一并深表谢意。

　　由于编者水平所限，书中难免有不足和疏漏之处，敬请广大读者和同仁批评指正。

张颖南

2017 年 6 月

目　录

第一部分　教　学　技　能

第二部分　实　训　技　能

第一部分　教学技能

项目一

教学准备

教学准备是教师在教学前做的准备工作，包括对教学文件的研读、教学计划的制订、教案的编写及授课准备工作，教学准备是否充分决定了教师的教学效果和学生的学习效果。对于一名新教师来说，只有认真、充分进行教学准备，才能逐渐在教学过程中熟练把控过程并提升教学技能。该项目主要包含教师在课堂教学前应做的基本准备工作，具体由"掌握教学文件"、"制订教学计划"、"编写教案"和"备课"四项任务组成。

任务一　掌握教学文件

□任务导读

对于中等职业学校的新教师来说，在准备讲授一门课程之前，掌握教学文件是准确把握教学要求的重要环节，也是教学准备的首要步骤。但该过程往往被很多新教师忽略，导致教学过程与教学要求相脱节，无法达到对本专业学生的培养目标。即使有些老师已经阅读了相关教学文件，但由于其对教学文件的理解及把握不够准确，也没有充分达到文件中对教师教学的要求。因此，对新教师进行教学文件研读的训练是十分必要的。

□学习目标

1. 了解研读教学文件的意义
2. 掌握教学文件的研读方法

□实施指导

教师在研读教学文件时，应遵循从外到内的顺序，即首先研读国家教育层面的教学文件，从宏观上把握整体教学要求，再研读学校专业层面的教学文件，从微观上掌握具体教学要求。这样才能规范、准确地开展教学准备工作。

一、研读国家教育层面的教学文件

对国家教育层面教学文件的研读，有利于教师从宏观层面上把握基本教学要求，特别是对于职业教育的相关法律法规、政策要求等方面文件的解读，对职业教学过程具有直接的指导意义。可供中等职业学校教师研读的国家教育层面的教学文件包括《中华人民共和国职业教育法》《中等职业学校教师职业道德规范（试行）》《国务院关于大力发展职业教育的决定》《关于实施中等职业学校教师素质提高计划的意见》等，研读这些文件的过程中，需要把握我国职业教育的发展趋势、对职业教师的要求、对职业院校教学过程的要求等，并根据文件中的相关要求选择相应的教学内容与教学方法。

二、研读学校专业层面的教学文件

（一）研读学校的专业教学标准

专业教学标准是指导和管理中等职业学校教学工作的主要依据，是保证教育教学质量和人才培养规格的纲领性教学文件。专业教学标准包括以下主要内容：专业名称、入学要求、基本学制、培养目标、职业范围、人才规格、主要接续专业、课程结构、课程设置及要求、教学时间安排、教学实施、教学评价、实训实习环境、专业师资等。

（1）入学要求与基本学制。全日制中等职业学校学历教育主要招收初中毕业生或具有同等学力者，基本学制以 3 年为主；要建立更加灵活多样、满足学生需求的学习制度，积极推行学分制等弹性学习制度，建立"学分银行"，允许学生采用半工半读、工学交替等方式，分阶段完成学业。

（2）培养目标。中等职业学校培养与我国社会主义现代化建设要求相适应，德、智、体、美、劳全面发展，具有综合职业能力，在生产、服务一线工作的高素质劳动者和技能型人才。结合市场营销专业的特征，所培养的学生应该成为营销领域的技能型人才。

（3）课程设置及要求。中等职业教育是高中阶段教育的重要组成部分，其课程设置分为公共基础课程和专业技能课程两类，专业技能课程包括专业核心课程和专业（技能）方向课程。其中，专业技能课程应当按照相应职业岗位（群）的能力要求，采用专业核心课程加专业（技能）方向课程的课程结构。课程内容要紧密联系生产劳动实际和社会实践，突出应用性和实践性，并注意与相关职业资格考核要求相结合。实训实习是专业技能课程教学的重要内容，是培养学生良好职业道德，强化学生实践能力和职业技能，提高综合职业能力的重要环节。实训实习包含校内实训、校外实训和顶岗实习等多种实训实习形式。

（4）教学时间安排。每学年为 52 周，其中教学时间 40 周（含复习考试），累计假期 12 周。1 周一般为 28 学时。顶岗实习一般按每周 30 小时（1 小时折 1 学时）安排。3 年总学时数为 3000~3300 学时。公共基础课程学时一般占总学时的 1/3，累计总学时约为 1 学年。专业技能课程学时一般占总学时的 2/3，其中顶岗实习累计总学时原则上为 1 学年。

（5）教学评价。教学评价应体现评价主体、评价方式、评价过程的多元化，注意吸收行业企业参与。校内校外评价结合，职业技能鉴定与学业考核结合，教师评价、学生互评与自我评价结合，过程性评价与结果性评价相结合，不仅关注学生对知识的理解和技能的掌握，更要关注运用知识在实践中解决实际问题的能力水平，重视规范操作、安全文明生产等职业素质的形成，以及节约能源、节省原材料与爱护生产设备、保护环境等意识和观念的树立。

（6）实训实习环境。实训实习环境要具有真实性或仿真性，具备实训、教研及展示等多项功能与理实一体化教学功能。

（7）专业师资。建立"双师型"专业教师团队，应有业务水平较高的专业带头人，并聘请行业企业技术骨干担任兼职教师。专任教师应为相应专业或相关专业本科以上学历，并具有中等职业学校教师资格证书、专业资格证书及中级以上专业技术职务所要求的业务能力；具备良好的师德和终身学习的能力，适应产业行业发展需求，熟悉企业情况，积极开展课程教学改革。

（二）研读学校的专业教学计划

专业教学计划是保证教学质量和人才培养规格的指导性文件，是组织教学、安排教学任务、指导和管理教学工作的基本依据，也是学院对教育、教学质量监控和评价的基础性文件。专业教学计划包括"基本情况"、"课内计划时数分配"、"教学目的及要求"、"教学措施"、"教学考评"及详细的"教学进程表"。（专业教学计划详见本项目任务二）

（三）研读学校的专业课程标准（或教学大纲）

首先了解专业课程标准与教学大纲的区别。

教学大纲是根据课程内容及其体系和教学计划的要求编写的教学指导文件，它以纲要的形式明确规定该课程在专业教学计划中的地位和作用，以及课程的教学目的和任务、知识技能的范围和深度、教学内容体系结构及教学进度和教学法的基本要求。它是编写教材和进行教学工作的主要依据，也是检查学生学业成绩和评估教师教学质量的重要准则。从形式上看，教学大纲一般分为三个部分，即说明、本文和附录。教学大纲的说明部分阐述开设该门课程的意义，该门课程教学的目的、任务和指导思想，提出教学内容选编的原则和依据，以及教学重点和教学方法建议，特别是对教学中困难、复杂的部分进行分析，提出建议。大纲本文是对教学基本内容所做的规定，是大纲的主体部分，反映教学内容基本结构及其主要的教学形式，它一般以课程教学内容的知识体系为基础，结合教学法的特点，以篇、章、节、目等顺序排列该门课程教学内容的主题、分题和要点，并规定该门课程教学内容的范围和分量、时间分配及教学进度。同时，大纲本文还把该课程有关实验、实习或其他作业题目及教学时数的分配规定下来。附录部分则列举各种教学参考书和资料。

课程标准实质是教学大纲在近几年的提法，课程标准是对学生接受一定教育阶段之后的结果所做的具体描述，是教育质量在特定教育阶段应达到的具体指标，是对课程教学的基本规范和要求，是教学管理和课程评价的依据，是教材编写、教学实施和考试命题编制的依据。课程标准一般由前言、课程目标、课程内容和要求、实施建议等部分组成。课程标准主要包括以下内涵：规定本门课程的性质、目标、内容框架；指出指导性的教学原则和评价要求；规定学生通过课程学习在知识与技能、过程与方法、情感态度与价值观等方面所应达到的基本要求。它一般不需包括教学重点、难点、时间分配等具体内容。

课程标准与教学大纲相比，在课程的基本理念、课程目标、课程实施建议等几部分阐述得更为详细、明确，特别是提出了面向全体学生的学习基本要求。尤其课程标准主要是对学生在经过某一学段之后的学习结果的行为描述，而不是对教学内容的具体规定，这是与教学大纲的最主要区别。由于课程标准规定的是学生在某方面或某领域的基本素质与能力要求，无论是教材选择、教学设计还是教学评价，出发点都是为了课程标准中所规定的那些素质与能力的培养，最终的落脚点也都是这些基本的素质与能力要求。

在高等教育领域，很多学校仍使用"教学大纲"，但对于中等职业教育来说，强化教育教学的核心目标是着眼于学生职业素质的提高，把重点从关注教师教学内容与课时分配转向关注学生学习结果与课程实施过程，因此，现在已采用"课程标准"一词。课程标准强调的角度是从学生出发，行为的主体必须是学生，而不能以教师为目标。

课程标准关心的是课程目标、课程改革的基本理念和课程设计思路；关注的是学生学习的过程和方法，以及伴随这一过程而产生的积极情感体验、正确的价值观和职业素质的养成；教师在使用课程标准的过程中，主要关注的是如何利用各门课程所特有的优势促进每一个学生的健康发展；而不是仅仅关心学生对某个结论是否记住，记得是否准确，某项技能是否形成，并且运用起来是否得心应手。

□学习范例

通过对以下教学大纲的研读，明确该课程的性质、教学目的及要求、理论讲授与实践训练内容、课程的实施方法。

《促销管理实务》教学大纲

课程名称：促销管理实务
总学时数：30 学时
开课学期：5
采用教材：《促销管理实务》
参考资料：

[1]卢泰宏. 促销管理. 4 版. 北京：清华大学出版社, 2012

[2]李纲. 促销管理技术实训. 北京：机械工业出版社, 2011

[3]张华. 连锁企业促销管理. 北京：中国人民大学出版社, 2013

一、课程性质

"促销管理实务"是市场营销专业的专业核心课程，是实践应用性较强的一门课程。促销是多个行业普遍采用的营销工具，各行各业需要的促销从业人员数量众多，

各种市场推广管理岗位是市场营销专业学生就业的一个亮点。课程从促销认识入手，以促销实践作为课程的主体，并介绍了零售业、餐饮业及服务业的相关促销方案。先修课程为市场营销学、经济学、消费者行为学、管理学等。

二、课程学习目标

通过学习本课程，使学生掌握促销管理的基本原理及各种促销技巧。理论联系实际，通过实施促销部分设置的实训内容进行企业实际岗位的模拟训练，提高学生解决实际问题的能力，同时锻炼学生的语言组织能力及与人沟通协作的能力。

（1）理论目标：了解促销的基本理论，掌握常规促销活动的规划和实施流程，掌握各种促销形式的基本内容。

（2）实践目标：能够进行常规促销活动的计划和实施，熟练应用各种促销形式。

（3）师范性目标：能够对中等职业学校学生进行本课程的理论教学和实践教学。

三、课程设计思路

课程本着"工学结合"的职业教育教学理念，基于工作过程教学模式要求，在课程教学中设计三大项目：促销工作过程分析、针对消费者的促销、针对中间商和企业销售人员的促销，其中项目一是促销管理的基础，项目二和项目三是促销管理的具体实现形式，在每个任务部分加入实训内容，提高学生的实际操作能力。

说明：课程的理论目标主要通过课堂讲授和自主学习实现，实践目标通过案例教学、实践演练、模拟实训等方法实现。师范性目标集中在师范性课程和教学技能大赛中实现，但在本课程教学过程中会通过让学生将研讨、案例分析、实践演练、自主学习的结论上台讲解的方式进行师范性能力的补充性训练。

四、课程基本内容和学时分配

按照项目导向，本课程包括 3 个项目共 13 项工作任务，总课时为 30 学时，各部分内容的学时分配如下。

项目	工作任务	学时分配				
		总学时	讲授	自主学习	实训	其他
项目一	任务一 促销策划	3	2		1	
	任务二 促销执行与控制	3	2		1	
	任务三 促销评价	3	1		2	
项目二	任务一 优惠券促销	3	1		2	
	任务二 折价促销	3	1		2	
	任务三 赠品促销	1	1		1	
	任务四 样品促销	2	1			
	任务五 抽奖促销	1	1		1	
	任务六 竞赛促销	2	1			

续表

项目	工作任务	学时分配				
		总学时	讲授	自主学习	实训	其他
项目二	任务七 演示促销	1	1		3	
	任务八 主题促销	5	2			
项目三	任务一 认识通路促销	1	1		1	
	任务二 实施通路促销	2	1			
课时合计		30	16		14	

五、教学要求和教学设计

本课程按照项目导向，采用任务驱动法进行教学设计，并以此确定相应的理论要求和实践要求。

（一）项目一 促销工作过程分析

1. 教学目的

通过本项目的学习，应使学生了解促销的相关基本理论，熟悉促销的计划与实施流程，能够进行常规促销的流程规划。

2. 教学内容和教学方法设计

项目	工作任务		任务要求	教学方法
促销工作过程分析	任务一 促销策划	理论要求	●了解促销计划的相关步骤和方法 ※△掌握制定促销纲要的方法	讲授法 自主学习
		实践要求	●能进行促销计划工作	实训教学法
	任务二 促销执行与控制	理论要求	●熟悉促销实施中的注意事项 ●了解促销活动的主要控制方法	讲授法
		实践要求	●能进行常规促销的流程规划 △会撰写促销文案	实训教学法
	任务三 促销评价	理论要求	●了解促销活动的主要评价指标	讲授法 自主学习
		实践要求	●能进行常规促销的评价 ※正确进行促销活动的评价	实训教学法

注：※为重点，△为难点

（二）项目二 针对消费者的促销

1. 教学目的

通过本章的学习，应使学生掌握针对消费者的促销形式的基本内容，能够自主规划各种促销活动。

2. 教学内容和教学方法设计

项目	工作任务	任务要求		教学方法
针对消费者的促销	任务一 优惠券 促销	理论要求	●掌握实施优惠券促销的基本方法 ●会分析优惠券促销活动的长处和不足	讲授法 自主学习法
		实践要求	●能根据实际场景做出优惠券促销活动的实施方案 ※能够进行电子优惠券促销的方案设计	实训教学法
	任务二 折价促销	理论要求	●了解折价促销的原理 ●掌握实施折价促销活动的基本程序和方法	讲授法 自主学习法
		实践要求	●能根据要求写出折价促销活动的实施方案	实训教学法
	任务三 赠品促销	理论要求	●了解赠品促销的概念和原理 ●掌握设计完成一个赠品促销策划的各项要点	讲授法 自主学习法
		实践要求	※能针对市场要求设计赠品促销的促销方案	实训教学法
	任务四 样品促销	理论要求	●了解样品促销的概念和原理 ●掌握设计完成一个样品促销策划的各项要点	讲授法 自主学习法
		实践要求	●能针对市场要求设计样品促销的促销方案	实训教学法
	任务五 抽奖促销	理论要求	●了解抽奖促销活动的内容和性质 ●掌握抽奖促销活动的操作过程	讲授法 自主学习法
		实践要求	△能根据实际场景设计抽奖促销活动的实施方案	实训教学法
	任务六 竞赛促销	理论要求	●了解竞赛促销活动的内容和性质 ●掌握竞赛活动的操作过程	讲授法 自主学习法
		实践要求	△能根据实际场景设计竞赛促销活动的实施方案	实训教学法
	任务七 演示促销	理论要求	●了解演示促销的主要表现形式 ●掌握运用演示方法进行促销的基本方法	讲授法 自主学习法
		实践要求	△能根据实际场景写出演示促销的实施方案	实训教学法
	任务八 主题促销	理论要求	●了解主题促销的主要表现形式 ●掌握运用路演进行主题促销的基本方法	讲授法 自主学习法
		实践要求	※△能根据实际场景写出主题促销的实施方案	实训教学法

注：※为重点，△为难点

（三）项目三 针对中间商和企业销售人员的促销

1. 教学目的

通过本项目的学习，使学生了解针对中间商和企业销售人员的促销的基本规律并通过案例教学法使学生掌握基本的促销应用方法。

2. 教学内容和教学方法设计

项目	工作任务	任务要求		教学方法
针对中间商和企业销售人员的促销	任务一 认识通路促销	理论要求	●了解通路促销的主要形式 ●掌握通路促销的基本方法	讲授法
	任务二 实施通路促销	理论要求	●掌握通路促销的实施流程	讲授法
		实践要求	●※△能够进行通路促销的策划	案例教学法

注：※为重点，△为难点

六、课程的考核与评价

（1）根据本课程的特点，建议使用闭卷考试，考核本门课程的基础知识和所讲章节的主要内容。

（2）平时成绩和期末试卷考试相结合，平时成绩占总成绩的30%，期末卷面成绩占总成绩的70%。

其中，平时成绩包括出勤、听课情况、作业完成情况等。

（3）实践成绩由案例实训、课堂研讨、实践演练等构成。

七、教学资源的要求

课程涉及大量的案例资料与视频图片，为了提高教学效率、效果，建议授课教师使用多媒体进行教学。

□模拟实训

从以下步骤中选择一个或多个进行实训。

步骤一：选择一份中等职业学校的市场营销专业教学标准进行研读，了解专业的培养目标、预从事职业范围、职业素养要求、专业知识技能要求、课程结构、课程设置要求、公共基础课及专业技能课的课程分配、对专业师资的要求。

步骤二：选择一份中等职业学校的市场营销专业教学计划进行研读，了解每部分内容的教学目的及授课方法，评价授课时数与内容重要性之间的关系是否恰当。

步骤三：选择一份中等职业学校的市场营销专业课程标准进行研读，了解其中的课程目标及课程的设计思路。

□工具使用

《教学大纲》研读纪要

课程性质	
总学时	
学时分配	讲授学时：
	实训学时：
学分	
使用教材	
课程学习目标	理论目标：
	实践目标：
	师范性目标：
项目重点	项目一：
	项目二：
	项目三：
主要教学方法	
课程考核方法	

□知识巩固

一、判断题

1. 中等职业学校新入职教师只需研读学校的专业教学文件即可，无须研读国家层面的教学文件。（　　　）

2. 课程标准实质是教学大纲在近几年的提法。（　　　）

二、多项选择题

1. 教学大纲的结构一般包括（　　　）。

　　A. 说明　　　　　　　　B. 目录　　　　　　　C. 本文　　　　　　　D. 附录

2. 教师在教学准备前应该掌握的学校专业层面的教学文件包括（　　　）。

　　A. 中等职业学校教师职业道德规范　　　　B. 专业教学标准

　　C. 教学计划　　　　　　　　　　　　　　D. 教学大纲

任务二　制订教学计划

□任务导读

教学计划实质上就是教师写给自己的授课行动计划，是规定教师教学进度执行情况的工具。根据制订的教学计划进行授课，是保障课程内容按时、顺利讲授完成的前提。制订教学计划是教师的基本技能之一，了解和掌握教学计划的制订有助于教师根据教学要求顺利完成教学实施过程，并促进教学目标的达成。同时，教学计划也有助于教学单位对教师授课进度执行情况的监督检查。

□学习目标

1. 了解教学计划的内容
2. 掌握教学计划的制订方法

□实施指导

从管理学的角度出发，计划具有两层含义：一是计划工作，是指根据对组织外部环境与内部条件的分析，提出在未来一定时期内要达到的目标及实现目标的方案途径；二是计划形式，是指用文字和指标等形式所表述的在未来一定时期内关于行动方向、内容和方式安排的管理事件。无论是计划工作还是计划形式，计划都是根据外在需要及内在能力，通过计划的编制、执行和检查，确定在一定时期内的奋斗目标，有效地利用各种资源，协调安排好各项活动，取得最佳的效益。同样，从中等职业教育领域来讲，该计划指根据国家教育部门、中等职业学校及其市场营销相关专业的教学要求，结合中等职业教师的教学特征、中等职业学生的接受特征，制定要达到教学目标的教学方式与方法，并将该方式与方法的具体安排以计划表单的形式展现出来，即形成中等职业教师的教学计划。

一、教学计划制订的必要性及主要内容

制订教学计划的目的是加强教学的合理性，在充分考虑学生特征的情况下，加强教学目的、课程内容、教学方法和学生学业评价等要素之间的联系。这也可看成一份教师写给自己的行动计划。

清楚的教学目标在课程设计中是基础工具，因为它们能引导对课程内容和教学活动的理性选择，而且它们对设计有效的评价计划是很重要的。教学目标给师生提

供了教学的方向性指导，但目标不能过于局限，否则就会阻碍教育中非常重要的自发性。

一般课程计划的主要构成部分包括教学目标、教学活动和教学评价三部分，每个定义的教学目标都由恰当的教学活动和有效的评价形式来匹配。教学计划可通过教学计划表进行呈现，但在实际教学中，教学计划表中列出来的教学目标、教学方法和教学评价可能与实际日程活动并不一一对应。因此，对于课程计划还应做一些补充内容。首先，应该将相关的目标和教学活动编组。其次，教学活动应该有一个排序，虽然不同教师的不同具体情况会影响排序，如学期、教学条件等，但是也存在排序的一些教育基本规律，包括：从学生已学过的知识引申到新知识；从具体的经验到抽象的理论；按照事物的逻辑和历史发展；从重要的主题或概念开始；从不常见的、新奇的或复杂的待定情境和现象出发，引导学生逐步理解等。

二、教学计划制订规范

教学计划是保证教学质量和人才培养规格的指导性文件，是组织教学、安排教学任务、指导和管理教学工作的基本依据，也是学院对教育、教学质量监控与评价的基础性文件。教师在根据各层次文件的指导精神及拟授课程的特征制订教学计划时应从以下几方面进行规范。

（1）指导思想。制订专业教学计划要深入贯彻落实科学发展观，全面贯彻党的教育方针，全面实施素质教育，坚持以服务为宗旨、以就业为导向、以能力为本位、以学生为主体，立德树人，要改革和创新人才培养模式，提高学生的综合素质和职业能力，突出对高素质劳动者和技能型人才培养的要求。

（2）基本原则。制订教学计划时要遵循的基本原则包括：适应经济建设和社会发展需要的原则；坚持德、智、体、美、劳全面发展的原则；坚持突出针对性、应用性的原则；加强实践教学环节，注重培养创新精神和实践能力的原则；坚持统一性与灵活性相结合的原则。

（3）培养目标与要求。教学计划应能够反映出中等职业学校的技能型人才培养目标，如培养与地区社会经济发展要求相适应，德、智、体、美、劳全面发展，具有综合职业能力，在生产、服务一线工作的高素质劳动者和技能型人才。同时，教学计划也应反映出满足上述基本培养目标基础上的符合专业要求的具体培养目标要求。

三、制订教学计划时需考虑的因素

制订教学计划时有一些需要考虑的因素，它们很大程度上依赖于特定条件下的管理安排。在计划课程的时候，需要考虑以下内容。

（1）协调与管理。课程协调很重要，制订课程计划的人有责任协调相关教师、学生、教学活动、教学评价，以及教学资源的使用日程，尤其要保证教室和设备等教学资源的使用不能出现冲突。

（2）技术与后勤支持。有些课可能需要获得某种技术支持，如在不同的时间里需要媒体技术人员、实验室管理员或计算机程序员的帮助。如果有这方面的需要，在课程计划的阶段就必须纳入考虑。

（3）时间安排。许多课程规模太大，需要在合理的时间外投入更多时间来完成（通常是需要学生投入），这个问题在部分大课学习中尤其突出。在分配时间时，教师可能需要考虑所有可用和不可用的时间，以及花在这门课上的时间如何分配，如用整块的时间段来集中处理某些特定话题。

□学习范例

通过研读以下《商业策划》教学计划，了解教学计划的主要内容、结构，并分析评价该教学计划内容方面的优势与不足。

教学计划					
基本情况	教学计划名称及制订时间	《商业策划》教学计划		2013 年	
	教材	名称	出版社		出版时间
	基本教材	商业策划实务	机械工业出版社		2012 年 6 月
	参考书目（补充教材、实验或实训指导书）	市场商务策划	高等教育出版社		2002 年 8 月
		市场分析与营销	上海财经大学出版社		2006 年 2 月
课内计划时数分配	理论讲授	30	习题课、讨论课		
	实验或实训	26	测验		
	参观考察		复习、考试		
	课程实习（设计）		机动		
	授课周数	14	授课总学时	56	
教学目的及要求	教学目的：通过本课程的学习，了解商务策划在企业管理中的核心地位，重视策划，树立现代市场营销观念，掌握商务策划的基本理论知识。在应用能力方面，通过本课程的学习，使学生具备以下策划应用技能：正确分析营销环境、进行有效的市场调查、对消费者及用户心理行为进行正确的分析、进行有效的市场细分、选择合理的策划目标、实行有效的市场定位、制定有效的企业战略与市场策划管理过程、制定有效的竞争战略与策略、科学合理定价、选择合理的销售渠道、进行有效的促销、策划创新等。 课程要求：要求学生通过课堂学习和作业完成，掌握营销基本理论和技能，形成知识体系，并能够理论联系实际。运用商务策划的原理、方法、手段去解决企业中的实际问题。在掌握策划基本知识与技能的基础上，为学习相关课程打下坚实的基础。在授课的同时，要求学生阅读策划类文献，吸收新知识，提升策划综合素质。				

教学措施	按照教学标准要求设置相应的教学内容，根据知识的重要程度、理解难易度，对教材内容作相应的取舍。 （1）要求学生事先预习下次课要学习的章节内容，对上课内容事先有个基本的认识与了解，保证上课的进度，能够更好地理解上课的内容。 （2）在课堂上重点讲解商务策划有关概念、原理、方法与技巧，对难点部分讲细、讲精、讲透。 （3）在教学方法上，综合运用多种教学方法，如讲解法、提问法、启发法、对比法、情境模拟法、图表法、归纳总结法等。多运用案例教学法，通过案例事实让学生理解授课内容，扩大学生知识面，增加趣味性，提高学生积极性。注意老师与学生之间、学生与学生之间的教学和学习的互动，营造良好的教学气氛和教学环境。注意知识的逻辑性、前后因果性、思路缜密性。 （4）实践教学。在所使用的教材中，每一章的后面都附有相应的技能训练题，实践教学主要以此为依据。技能训练题共有四类题型，分别为：理论基础题；问题回答与讨论、课堂游戏、情境模拟题；策划方案设计题；案例分析与讨论题。对各类题型的教学措施表述如下。 第一，理论基础题。理论基础题又分为三种题型，分别为名词解释、简答和论述题，学生做这些题的目的是掌握市场营销的一般概念、原理与方法。对于这些题，教师可选择一些让学生课后完成，在布置作业时，教师要进行相应的说明，学生完成交给教师批阅后，教师应做相应的点评。 第二，问题回答与讨论、课堂游戏、情境模拟题。该类题可以在课堂完成，其教学目的主要是培养学生通过语言表达、人际沟通等解决市场营销实际问题的能力。在进行该部分题目的教学时，教师可通过对学生分组的形式完成。完成该类题目之前，要求学生事先做好预习准备，以保证课堂教学的顺利进行。在授课过程中，教师应尽量把时间交给学生进行展现，而教师主要起到引导进度、控制过程、维持纪律、启发思考的作用，也可以在最后进行总结性点评。 第三，策划方案设计题。该类题可以在课外完成，其教学目的主要是培养学生通过文字表达、策划方案设计、文体综合分析等解决市场营销实际问题的能力。教师可以只要求学生做基本框架结构，也可以要求学生做完整、详细的策划方案。学生提交后，教师批阅并做适当点评。 第四，案例分析与讨论题。开展案例教学的目的主要是培养学生发现问题、分析问题、解决问题的能力。在实施案例教学时，也可以将学生进行分组实现。在授课过程中，教师要加强课堂的组织与引导，并控制案例教学的环节。该过程也要求学生课前做好预习准备，以保证教学的顺利进行。
教学考评	以团队为考核单位，团队成绩60%，个人40%。考核项目包括： （1）课堂表现； （2）作业完成情况； （3）平时测评； （4）期末考试。

教学进程表

周次	日期	星期	教学学时	授课内容	授课形式	课外作业
1			2	课前准备：课程内容、教学方法、考核方式、组建学习团队		
2			4	第一章 商务策划概述	理实一体化	
3			4	第二章 商务策划的原则、方法、技巧	理实一体化	
4			6	第三章 1. 商务策划概念的挖掘 2. 商务策划的主题开发	理实一体化	
5			4	第四章 商务策划的信息准备	理实一体化	课外作业

续表

周次	日期	星期	教学学时	授课内容	授课形式	课外作业
6			4	第五章 1. 商务策划书设计与撰写的目的与原则 2. 商务策划书设计的结构与内容 3. 商务策划书的撰写技巧	理实一体化	课外作业
7			4	第六章 商务策划方案的实施	理实一体化	
8			6	第七章 1. 企业形象策划概述 2. 企业形象策划的导入 3. 企业形象策划的设计与开发	理实一体化	
9			4	第八章 1. 市场细分与目标市场选择策划 2. 市场定位流程和策略与方法策划	理实一体化	课外作业
10			4	第九章 1. 一般竞争战略策划 2. 竞争战略策划	理实一体化	
11			4	第十章 1. 核心产品、形式产品策划 2. 产品生命周期策划 3. 新产品开发与推广策划 4. 产品组合策划	理实一体化	
12			4	第十一章 1. 价格策划的依据与目标 2. 价格策划的原则、程序、方法与策略 3. 修订价格的策划 4. 变动价格的策划	理实一体化	
13			4	第十二章 1. 渠道发展的趋势与影响因素 2. 渠道模式设计策划 3. 渠道系统组建策划 4. 渠道物流系统策划	理实一体化	
14			2	第十三章 网络营销运作策划	理实一体化	

□模拟实训

按如下步骤进行教学计划的制订。

步骤一：根据教学文件的要求，确定预讲授课程的总课时数与授课轮次数。

步骤二：根据预使用教材内容及其对应教学辅助材料的内容，将教学内容按照总课时数与授课轮次数进行划分。

步骤三：将所划分的教学内容与授课轮次数进行对应。

步骤四：将每个轮次的教学内容根据"理论讲授"部分与"实践教学"部分进行划

分，并规划两部分所需的课时数。

步骤五：将每轮次的教学内容与教学周数及日期进行对应。

□工具使用

教学计划表

课程　　　　　　专业　　　　　年级

学期授课计划				
基本情况	教学大纲名称及制定时间			
	教材		名称	出版社
	基本教材			
	参考书目			
	（补充教材、实验或实训指导书）			
课内计划时数分配	理论讲授		习题课、讨论课	
	实验或实训		测验	
	参观考察		复习、考试	
	课程实习（设计）		其他	
	授课周数		授课总学时	
教学目的及要求				
教学措施				

教学进度计划								
周次	理论讲授			实践教学			教学材料	教学进度执行情况
月日	日期	时数	内容标题	执行情况	时数	内容概要		
第　周 月　日 ｜ 月　日								
第　周 月　日 ｜ 月　日								
第　周 月　日 ｜ 月　日								

续表

教学进度计划								
周次	理论讲授			实践教学			教学材料	教学进度执行情况
月日	日期	时数	内容标题	行情况	时数	内容概要		
第　周								
月　日								
|								
月　日								

□知识巩固

一、判断题

1. 教学计划实质上就是教师写给自己的授课行动计划，是规定教师教学进度执行情况的工具。（　　　）

2. 教师在制订教学计划时无须考虑技术与后勤支持的问题。（　　　）

二、多项选择题

1. 制订教学计划时要遵循的基本原则包括（　　　）。

　　A. 适应经济建设和社会发展需要的原则

　　B. 坚持德、智、体、美、劳全面发展的原则

　　C. 坚持突出针对性、应用性的原则

　　D. 加强实践教学环节，注重培养创新精神和实践能力的原则

　　E. 坚持统一性与灵活性相结合的原则

2. 教师在制订教学计划时应从以下几方面进行规范（　　　）。

　　A. 指导思想　　　　　　B. 基本原则　　　　　　C. 培养目标　　　　　　D. 培养要求

任务三　编 写 教 案

□任务导读

　　教案是教师在授课前准备的教学方案，内容包括教学目的、时间、方法、步骤、检查及教材的组织等。教案能够使教师应对课堂教学过程中出现的各种具体情况，提高教学效果，保证课堂教学的顺利实施。针对中等职业学校的理实一体化教学特征，教案就

不能采用传统的理论型授课模式，而是必须设计成适合理实一体化课程的教案。因此，对于一名新入职的中等职业学校市场营销专业教师来说，上课前必须设计好教案，才能保证课堂教学的顺利进行，这也是逐渐提高教学能力和水平的一项常规性措施。

□学习目标

1. 了解理实一体化教案的设计要求
2. 掌握理实一体化教案的设计方法

□实施指导

一、教案的含义及编写原则

（一）教案的含义

教案是教师为顺利而有效地开展教学活动，根据教学大纲和教科书要求及学生的实际情况，以课时或课题为单位，对教学内容、教学步骤、教学方法等进行的具体设计和安排的一种实用性教学文书。教案包括教材简析和学生分析、教学目的、重难点、教学准备、教学过程及练习设计等。教案是教师的教学设计和设想。

（二）教案的编写原则

教学是一种创造性劳动。写一份优秀教案是设计者教育思想、智慧、动机、经验、个性和教学艺术性的综合体现。教师在写教案时，应遵循以下原则。

（1）科学性。所谓符合科学性，就是教师要认真贯彻教学文件精神，按教材内在规律，结合学生实际来确定教学目标、重点、难点。设计教学过程，避免出现知识性错误。

（2）创新性。教材是死的，不能随意更改。但教法是活的，课如何上全凭教师的智慧和才干。尽管备课时要去学习大量的参考材料，充分利用教学资源，听取名家的指点，吸取同行经验，但课总要教师亲自去上，这就决定了教案要教师自己来写。从课本内容变成胸中有案，再落到纸上，形成书面教案，继而到课堂进行实际讲授。教师在自己钻研教材的基础上，广泛地参考多种教学资料，并向有经验的教师请教，汲取精华，对别人的经验经过一番思考、消化、吸收，再结合个人的教学体会，巧妙构思，精心安排，从而写出自己的教案。

（3）差异性。由于每位教师的知识、经验、特长、个性是千差万别的，而教学工作又是一项创造性的工作，写教案也就不能千篇一律，要发挥每一个教师的聪明才智和创造力，所以教师的教案要结合本课程和授课对象的特点，因材施教。

（4）艺术性。所谓教案的艺术性，就是构思巧妙，能让学生在课堂上不仅能学到知识，而且得到艺术的熏陶和快乐的体验。教师的说、谈、问、讲等课堂语言要字斟句酌，做到恰当安排。

（5）可操作性。教师在写教案时，一定从实际需要出发，要考虑教案的可行性和可操作性，要简繁得当。

（6）变化性。由于我们教学面对的是一个个活生生的有思维能力的学生，又由于每个人的思维能力不同，对问题的理解程度不同，常常会提出不同的问题和看法，教师又不可能事先都估计到。在这种情况下，教学进程常常有可能脱离教案所计划的情况，因此教师不能死板地完全遵循教案，把学生的思维的积极性压下去，要根据学生的实际改变原先的教学计划和方法，针对疑点积极引导。

二、教案的主要内容

一份完整的教案主要包括以下几部分。

（1）基本情况。主要包括课程名称、授课内容、教学日期、授课教师姓名、授课对象、授课时数及教材名称等。

（2）教学目标。即对每一堂课设计明确的教学目标。这种目标制定要符合课程标准和学生的实际情况，既包括知识、能力的要求，也包括德育、智育的要求。根据这种目标要求确定每堂课的重点、难点。

（3）教学过程。该部分内容是教案设计的重点，主要指教学活动的整个流程，包括课堂提问的顺序、内容、课件的演示等细节。为掌握好时间的进度，有时还需要标记每个环节所需要的时间。教学过程一般从复习检查导入新课开始，该阶段重点要设计如何导入，导入时引导学生参与哪些活动，如何给学生创设良好的学习氛围。进入学习新课阶段后，突出问题和情境的设计，设计哪些问题或情境让学生对新课内容进行探究，如何激发学生的学习兴趣，这部分是教案设计中的难点。接下来是对新课的巩固练习，主要是对练习题的设计，以及让学生动手练习，使所学知识得以巩固，最后布置作业。

（4）课后要求。主要设计如何获得必要的反馈信息，即教学评价，为教师的教学反思提供依据。

三、理实一体化教案的设计

根据市场营销职业教育的理实一体化教学要求，理实一体化的教案设计可包括以下栏目。

（1）教学目标。通常有技能教学目标与知识教学目标，知识目标采用"了解""理解""掌握"等描述，技能目标可采用"能够""学会""独立操作"等描述；也可以将教学目标分为最终目标与促成目标，最终目标通常指技能操作目标或实践操作目标，促成目标通常指理论知识学习目标，也就是在技能训练过程中促成理论知识学习。另外，对于教学目标栏目的设计，要求做到明确，即清楚明白、具体、便于师生操作；恰当，即难度适中、体现理实一体化的教学特色；全面，即体现知识、技能、职业道德等多个方面。

（2）各教学步骤内容。各教学步骤内容是教案的主体，在设计时应该具体一些。例如，步骤1是教师讲解，应写明需要讲解的理论知识点；步骤2是教师示范，应写明教师示范的内容；步骤3是学生练习，应写明学生练习的内容。若采用行动导向教学法，则通常采用"资讯、计划、决策、实施、检查、评估"六步教学法，且应写明每一步的具体教学内容。

（3）教学方法。在教学方法设计上应注意以下几点：首先，每一个教学步骤都有对应的教学方法。如步骤1采用讲授法，步骤2采用讨论法，步骤3采用演示法，步骤4采用操作法。其次，教学方法选择要恰当，理论教学和实训指导要结合教学资源特点及学生实际情况，教学方法要多样，优化组合。最后，运用教学手段要得当，要根据实际需要选择教具与实训设施。

（4）师生互动。教学是师生共同参与的一项学习活动，师生互动的方式应为多种多样的，如教师提问学生回答、学生提问教师回答、学生列举教师归纳、教师引导学生讨论、教师组织学生分组合作学习、教师引导学生操作、教师示范学生模仿、教师演示学生观察等方式。每种师生互动的方式都应在教案中有所体现。

（5）板书设计。板书要紧扣教学内容，突出重点，主次分明，且具有图文并茂等艺术特色。

四、教案的设计要求

教学过程包括教师的教与学生的学，是两方面的活动，就是教师把知识和技能传授给学生的过程。在这个过程中，教师只起到组织指导作用，教师通过讲解、指导、辅导、演示、评价等多种活动手段，将知识和技能传授给学生。评价教学效果时关键衡量学生学得如何，而不是看教师教得如何。学生是主体，教学的本质在学而不在教，其活动的目的性、计划性和有效性都是以学生为主体设计的。因此，教案在设计过程中应注意以下几点要求。

（1）每次教学应围绕着完成某一个工作任务进行设计，教案设计应包括理论知识与实践操作两部分内容，职业教育应以实践操作为主线，理论与实践有机结合，理论内容与实践内容比例约为1:1。

（2）教案的设计必须包括教师教的活动和学生学的活动两个方面的内容，只设计教师教而不设计学生学的教案是不符合要求的，并且教与学的比例也应约为1:1，不能在45分钟的课程中只教不学。

（3）教案设计必须针对各种学生的不同情况，遵循特定的教学规律，采取多样的组织活动手段，重视学生学习活动的设计。

（4）教案设计应体现出具体教学内容和实施内容的具体活动方法与步骤，设计教学过程中该"做什么"、"怎么做"及"什么时候做"等具体步骤。

（5）教案的设计要尽量因人、因课、因教学内容的不同而有所区别，鼓励个性化、创新性教案，提倡开放性和灵活性教案。具体来说，设计教案时内容不要过于详尽，形式不要过于琐碎，结构不要过于程式化和封闭化，而要体现内容上的概要性、形式上的模糊性、结构上的不确定性，以便能够适应情境，容纳新内容，确定新策略，为教学中师生互动留有余地。

（6）在设计教案之前，一般要认真学习课程标准、钻研教材、确定教学目标和重点难点，并准备可能用到的教学方法。

□学习范例

通过对以下中等职业学校市场营销专业教案的研读，分析以下问题：

1. 该教案是否符合理实一体化教案的要求？
2. 如何根据理实一体化教案的要求对该教案进行修改完善？

中等职业学校市场营销专业教案
第一章 绪论

教学目标：

1. 通过教学学生应了解的知识：

市场的基本含义和分类

市场营销的含义和核心概念

市场营销学的内容和发展趋势

2. 通过教学学生应掌握的知识

市场营销的基本理论

3. 通过教学学生应能够运用所学知识分析问题

运用市场营销的基本概念、内容等知识分析企业的营销活动

教学重点：

1. 市场三要素之人口、购买力和购买欲望
2. 市场营销的目的在于使推销成为多余
3. 市场营销学研究市场营销活动及其发展规律

教学难点：

1. 掌握市场营销的基本理论
2. 应用相关知识分析企业的营销活动

教学方法： 讲授

授课时数： 4 课时

板书设计：

第一节 市场

一、市场的含义

1. 市场是商品交换的场所
2. 市场是商品交换关系的总和
3. 市场是消费者的需求

二、市场的分类

1. 消费者市场

（1）消费者市场的含义

（2）消费者市场的特征

　　……

□模拟实训

按如下步骤进行教案编写练习。

步骤一：选择市场营销专业教材中的一章内容。

步骤二：通过对教学大纲、教学计划等教学文件的解读确定该章内容的教学目标、预计课时、教学重点及难点，并设计在教学过程中重点及难点的可能解决办法。

步骤三：通过对该章内容的阅读规划授课步骤、各步骤所对应的授课内容、各部分授课内容的时间分配。

步骤四：根据各步骤的教学内容选择对应的教学方法。

步骤五：确定在该章的教学过程中可能用到的教学材料及工具。

步骤六：根据该章的教学内容设计相应的学习指导、课后作业及检测教学目的实现程度的具体措施和要求。

□工具使用

理实一体化教案文本格式

课程名称		周次		授课班级		授课教师	
任务名称							
教学目标							
学生知识与能力准备							
教学重点、难点及其解决办法							
	步骤名称	理论教学内容		实践教学内容	教学方法	课堂互动	学时
步骤1							
步骤2							
步骤3							
步骤4							
教学材料							
工具准备							
学习指导及课后作业							
教学效果检测措施							
教学后记							

□知识巩固

一、判断题

1. 理实一体化教学也可以使用传统的理论型授课模式的教案。（　　　）
2. 教案的设计可以只包括教师教的活动，而不必包括学生学的活动。（　　　）

二、单项选择题

1. 教师在授课前准备的包括教学目的、时间、方法、步骤、检查及教材的组织等内容的文件为（　　　）。
   A. 教学大纲　　　　　B. 教学计划　　　　　C. 课程标准　　　　　D. 教案
2. 教师根据学生的实际情况调整原先的教学计划和方法的原则体现了教案的（　　　）。
   A. 科学性　　　　　B. 创新性　　　　　C. 变化性　　　　　D. 差异性

三、多项选择题

1. 一份完整的教案包括的内容有（　　　）。
   A. 基本情况　　　　　B. 教学目标
   C. 教学过程　　　　　D. 课后要求
   E. 教学进度
2. 教师在写教案时，应遵循的原则包括（　　　）。
   A. 科学性与艺术性　　　　　B. 规范性与同一性
   C. 可操作性与变化性　　　　　D. 创新性与差异性

任务四　备　　课

□任务导读

　　备课是教师根据学科课程标准的要求和本门课程的特点，结合学生的具体情况，选择最合适的表达方法和顺序，以保证学生有效学习的课前过程。备课是达到授课目标、控制授课过程、保证授课效果的重要前提。无论是新教师还是有经验的教师，都不能忽略备课的环节。尤其作为刚刚进入工作岗位的中等职业学校教师，讲好每一节课是其最本质的任务，而讲好课的前提则是课前认真做准备。

□学习目标

1. 掌握备课的内容与步骤

2. 掌握备课的方法与技巧

□**实施指导**

一、备课的内涵及意义

（一）备课的内涵

备课是教师根据学科课程标准的要求和本门课程的特点，结合学生的具体情况，选择最合适的表达方法和顺序，以保证学生有效地学习。备课分个人备课和集体备课两种。个人备课是教师自己钻研学科课程标准和教材的活动。集体备课是由相同学科和相同年级的教师共同钻研教材，解决教材的重点、难点和教学方法等问题的活动。本书中所指的备课是个人备课。

（二）备课的意义

备好课是上好课的前提。对教师而言，特别是新教师，备好课可以加强教学的计划性和针对性，有利于教师充分发挥主导作用，并促进教学结果向教学目标的有效转化。备课作为教师课前准备的过程，亦是教师提高知识水平和教学能力、总结教学经验的过程。通过不断地收集资料、处理教材、确定教法，教师的专业水平和教学设计能力必然会得到提高。

教师的备课过程同时也是教师把可能的教学能力转化为现实的教学能力的过程。作为教师，都具备一定的专业文化水平，都或高或低地具备一定的教学能力，但这只是教师教好课的可能条件。只具备这些可能条件甚至较好的条件，如果不去备课，就不能形成某一内容的实际教学能力，也就不能顺利完成教学任务，不能使可能的教学能力得到充分发挥。

备课过程是一种艰苦的复杂的脑力劳动过程。知识的发展、教育对象的变化、教学效益要求的提高，使作为一种艺术创造和再创造的备课是没有止境的，一种最佳教学方案的设计和选择，往往是难以完全使人满意的。因此，我们既要认识到备课的重要性，又要看到备课的艰苦性。

二、备课的步骤

教师在首次备课时需要对所使用教材、授课对象、所选择的教学方法、课堂练习及课后作业等主要环节进行准备，在后续备课时也需要对所讲授内容的对应章节、学生接受情况、教学方法、课堂练习及课后作业进行准备。

（一）教材准备

教材主要指教科书，在上课前仔细分析教科书是教师备课的首要步骤。在分析教材的过程中应重点从以下几方面进行考虑：教材的性质及教学目的；教材的结构体系及逻辑；教材内容的主次及重难点。具体可按如下步骤进行。

（1）浏览教材概貌及前言。通过该步骤掌握教材的册数、适用学生、修订时间、理论或实践偏重性、是否具有配套资料等。这样有助于从整体上把握教材，做好前期准备工作。如果修订时间比较早，需要教师在授课过程中配备较新的理论及案例。

（2）浏览教材目录。通过对目录的浏览了解该教材的章节数量、每章的内容规划、章节之间的逻辑关系等。在该过程中，可以根据章节的数量初步拟订教学计划，根据每章的内容确定授课步骤，根据章节的关系制定逻辑图，从整体上把握授课的环节安排。

（3）浏览具体章节。首先，查看该章前的教学目标、要求、重难点，从而准确把握该章内容的深广度及授课侧重点。其次，查看该章节的篇幅及知识点的内在逻辑，以便清晰安排讲授时间及思路。最后，查看该章节的教学辅助内容。如案例分析、实训要求、课后习题等，这些辅助内容能够帮助教师在准备理论内容讲授的同时做好辅助练习准备。

（二）学情准备

学情准备是对授课对象情况的掌握，根据所教学生的特征因材施教，提升授课效果。中等职业学校教师所面对的学生为职业中专学生，这部分学生作为特殊的受教育群体，具有如下特征。

（1）素质特征。从教育层次和学生素质方面来看，这些学生在初中时期大多数成绩不是很好，从知识储备到心理素质上都存在一定的不足，这为新知识的接受带来困难。而且大部分中等职业学校学生理论学习热情不高，缺乏钻研精神，缺乏积极的学习动机，学习目标不明确，学习上得过且过、效率低下。

（2）成长环境特征。从这部分学生的社会成长环境方面来看，他们所处环境优越，从小缺乏艰苦的锻炼，表现在心理品质上即为严重的意志薄弱，怕吃苦、怕困难、心理脆弱、学习惰性强，无法正确对自己做出评价，思想观念相对弱化，做事处世急于求成，对社会回报期望值明显偏高。

（3）年龄特征。从年龄阶段来看，这些学生思维敏捷，动手能力较强，对新事物、新观念容易接受，适应性强；且追求时尚，追求财富，出人头地的梦想非常强烈。

　　针对上述学生特点，传统的理论讲授式教学方式已不适用于中等职业学校学生的要求，而适宜采用培养操作能力的实践训练式教学方式。因此，在学情准备阶段，教师应以实践训练式教学准备为主，根据教材内容做好各章节的实训辅助准备。

（三）教学方法准备

　　根据教学内容和学生特征，教师应选择能够匹配所讲授内容和学生易于接受的教学方法。针对市场营销专业的教学及该专业中等职业学校学生的接受特征，可以选择的教学方法有：案例教学法、角色扮演法、项目教学法、情境教学法等。

　　案例教学法作为最常见的教学方法，被市场营销专业教师广泛使用。在案例教学准备过程中，教师应尽量选择最新发生、内容典型、广泛关注，且学生感兴趣的内容，这对学生关注力和吸引力的提升有较大的帮助，否则在案例阅读的过程中就会导致学生失去注意力，较难进入分析环节。如果所选案例的内容比较枯燥，在案例教学方法上也可以进行改进，如包含对话或行动情境的案例可以让学生自行表演，即通过学生表演的方式使其获取案例内容，在此基础上进行案例分析，这样能够激发学生的参与热情和对案例内容的关注。在案例分析环节中，如果学生的参与度不高，教师可以通过对学生分组的方式让学生进行组内讨论，再依次进行各小组的分析结果汇总。教师在进行案例教学准备时需对案例的内容十分了解，并充分掌握案例的分析结果，在此基础上，在课堂上鼓励学生发散思维，得出更多角度的分析结果。

　　此外，目前很多教师也倾向于选择情境教学法，该方法指在教学过程中，教师有目的地引入或创设具有一定情绪色彩的、以形象为主体的生动具体的场景，以引起学生一定的态度体验，从而帮助学生理解教学内容，并使学生的心理机能得到发展的教学方法。在中等职业院校的市场营销教学过程中，市场调研中的人员访谈、产品交易中的价格谈判、产品推销及客户服务等多个环节都可以采用情境教学法。

（四）课堂练习准备

　　课堂练习是在教师的组织和指导下，有计划、有目的地使学生巩固对已学知识的理解和记忆，让学生掌握知识、形成技能，提高学习能力，培养主动学习习惯及良好的心理品质和思维的方法。课堂练习是课堂教学的重要组成部分，教师应紧密围绕教学目标、重点和难点精心设计课堂练习，要做到有的放矢，注重方法的灵活多样。

　　市场营销专业中等职业学校教师可以选择的课堂练习方式包括理论性练习和课堂实训练习两大类。其中，理论性练习可选的题型有单项选择题、多项选择题、判断题、简答题、论述题及案例分析题等。教师在准备理论性课堂练习时应避免以下几个问题：一是练习过少，教师的主导作用过大，而学生的主体作用显得薄弱，使学生对所学理论知识的认识肤浅；二是练习题设计的盲目性很大，缺乏较强的针对性，使课堂练习与本节课所学的理论知识脱节；三是课堂练习的量偏大，学生手忙脚乱，没有留给学生充分的思考时间，无法达到使学生理论联系实际的效果；四是课堂练习题单调，无层次和坡度，难以让学生对所获取的理论形成知识体系；五是教师在学生练习中忽视矫正错误这一环节，不利于知识的消化和学生良好学习习惯的养成。

因此，教师在准备理论性课堂练习时注意以下几点：首先，选择与所讲理论知识密切相关、难易程度适中、数量适度的练习题；其次，教师在上课前应对练习题的正确答案进行充分准备，并能够对每个答案进行解释，即回答"为什么是"的问题；最后，教师应预测出学生可能提出的多种错误答案，并对这些答案进行纠正解释，即回答"为什么不是"的问题。在课堂实训练习的准备过程中，除了遵循理论练习的要求外，教师还应根据实训目标提前设计好实训练习的步骤，在实施过程中按照操作步骤进行，详见项目四。

（五）作业准备

布置作业的目的在于使学生进一步消化和巩固所学的知识与技能，培养学生应用所学知识和技能独立分析问题与解决问题的能力。教师在备课时应将各部分内容所对应的课后作业准备好，以便于每次课程讲授后随即布置。

在准备作业时应注意以下几点：第一，作业的内容要与当节所讲授的内容紧密联系，以保证对所学知识的及时巩固；第二，作业的量要适度，避免在上课之余给学生带来较大压力，影响学生对学习的积极性；第三，作业的难度要适中，要保证学生通过一定的知识回顾来完成；第四，作业的形式要灵活多样，使学生通过不同的方式和手段达到知识巩固的效果，并提高学生完成作业的积极性。

在准备作业过程中，教师还应注意预布置作业的章节和重点知识的联系性，避免作业的过度密集与过度分散，要在重点掌握的知识点处布置作业。另外，教师在布置作业后要及时收取、及时批改、及时反馈，因此在准备作业的过程中，应把作业收取与反馈的方式设计好，并把批改作业的参考依据准备充分。

□学习范例

以《市场营销案例与实训》（第二版）教材为例，进行教材分析。

教育部职业教育与成人教育司推荐教材

中等职业学校市场营销专业教学用书

市场营销案例与实训

Shichang Yingxiao Anli yu Shixun

（第二版）

杨丽佳　主编

林　燕　文春帆　主审

高等教育出版社·北京

HIGHER EDUCATION PRESS　BEIJING

内容提要

　　本书是中等职业学校市场营销专业教育部职业教育与成人教育司推荐教材，是根据教育部关于职业教育教学改革的精神和加强专业岗位技能训练培养的要求，结合中等职业学校市场营销专业的实际教学需求，在第一版的基础上修订编写的实训教材。

　　全书遵循专业课教学中实践技能教学的要求，按照"案例＋实训"的形式编写。共分十个模块，主要包括：市场与市场营销、市场营销环境、消费者购买行为分析、市场营销调研、市场细分与目标市场、产品策略、价格策略、分销渠道策略、促销策略、行业市场营销综合案例与实训。本书配有教学光盘，光盘中包含电子教案等多媒体课件。

　　本书可作为中等职业学校市场营销专业及相关专业的教学配套用书，也可作为学生踏入工作岗位之前的一本学习实践指导用书，还可作为营销人员在实际工作中的参考用书及营销人员培训用书。

图书在版编目（CIP）数据

市场营销案例与实训/杨丽佳主编. —2版. —北京: 高等教育出版社，2011.12（2014.3 重印）
ISBN 978 - 7 - 04 - 033405 - 0

Ⅰ.①市… Ⅱ.①杨… Ⅲ.①市场营销学 - 中等专业学校 - 教材
Ⅳ.①F713.50

中国版本图书馆 CIP 数据核字(2011)第 217534 号

策划编辑　丁孝强	责任编辑　丁孝强	封面设计　张　志	版式设计　王　莹
责任校对　姜国萍	责任印制　刘思涵		

出版发行　高等教育出版社	网　　址	http://www.hep.edu.cn
社　　址　北京市西城区德外大街4号		http://www.hep.com.cn
邮政编码　100120	网上订购	http://www.landraco.com
印　　刷　山东省高唐印刷有限责任公司		http://www.landraco.com.cn
开　　本　787mm×1092mm　1/16		
印　　张　9	版　　次	2006 年 1 月第 1 版
字　　数　210 千字		2011 年 12 月第 2 版
购书热线　010-58581118	印　　次	2014 年 3 月第 4 次印刷
咨询电话　400-810-0598	定　　价	23.60 元(含光盘)

本书如有缺页、倒页、脱页等质量问题，请到所购图书销售部门联系调换
版权所有　侵权必究
物料号　33405-00

第二版前言

随着我国社会经济的快速发展,市场对营销人才的需求日益扩大,与此同时,企业在市场上的竞争也越来越激烈。能否培养出素质和技能水平较高的、能够充分适应和满足企业市场营销活动的专业人才,已经成为职业学校必须思考和解决的重要问题。实践教学是中等职业教育课程教学方式的生命线,实训则是实践教学的核心环节。以"能力为本位、就业为导向"的教学目标需要我们在专业课的教学中突出对实践型、技能型人才的培养。

市场营销学是一门应用性、实践性很强的学科,所培养的学生除了具备一定的理论基础外,还必须从营销专业的实际入手,立足于解决营销活动中的实际问题。我们所面对的中等职业学校的学生,缺乏对企业和市场的实际了解,而这恰好是他们未来要施展抱负的舞台。如何缩小理论和实际的差距,案例与实训教学无疑是解决问题的最好方式,因此,针对中等职业教育的特点,我们在2005年编写了《市场营销案例与实训》教材。同时,作为编写者,我们深感:由于以下两个原因,我们在今年有必要对《市场营销案例与实训》进行有针对性的修改。

首先,中等职业学校要培养高素质、强技能的营销人才,关键是要编一套体系合理、联系实际、内容新颖、操作性强的专业教材。本书作为市场营销专业《市场营销基础》、《市场营销策划》的配套教材,在多年教学的实践中收到了较好的效果。而第一版教材中的有些内容特别是在案例的选用上已经较为陈旧,实训中也有不少新的方法和创新思想值得借鉴和推广。时过境迁,我们现在所处的是一个快速变化的新营销时代,新的营销理念和企业营销的经验也在不断丰富,时代性和新颖性要求编写的教材也应当与时俱进。

其次,第一版教材出版后,在教学的实践中,也收到了来自全国各地师生的反馈意见,大家在肯定案例与实训教材的积极作用下,也提出了不少宝贵的意见或建议,尤其是教学第一线的老师们,在使用后,对教学的实施方面希望更加突出实训目标,增强可操作性,并希望有与之配套的多媒体光盘,更好地服务和提高教学的效率。

基于以上原因,教材在本次修订中,原模块部分未做大的修改,对绪论部分作了精简,完善了一些地方的表述。在模块开头增加"导读",便于学生从总体上把握重点;对每模块的"实训目标"下分为"知识目标"、"技能目标",让层次更加清楚,训练目标更明确;删除或更换了部分案例与实训项目,以增强可读性和实用性;并有与之配套的多媒体光盘,极大地丰富了教材内容,补充了相关案例和进行实训拓展。

本书作为市场营销专业案例与实训教学用书,着眼于学生职业生涯发展,注重学生职业素养的培养,侧重于让学生进一步巩固营销专业知识和专业技能,提高学生学习的兴趣,让学生从不同的立场和视角去了解和认知企业与市场,培养学生运用理论分析问题和解决问题的能力。

修订后,本书的特点主要有两个方面:

第一,与时俱进,针对性强。结合市场营销的新理论、新方法和新技巧的运用,充分体现新颖性、丰富性。按照市场营销活动的过程特点,设计案例与实训内容。同时又根据中等职业学校学生的特点,在编写过程中特别注重理论和实践的有机结合,体现"做中学、做中教,理论与实践一体化",考虑到将学生的理解能力与社会现实进行有效的衔接;案例筛选紧扣时代脉搏,文字力求通俗易懂、注重经典性和现实性的结合,精选了大量的案例;实训内容考虑学生毕业后就业岗位群的实际需要,注重可操作性和形式的多样性。

第二,形式多样,结构合理。突出了实训教材的特色,以实训模块的形式呈现,每一模块的开头,增加"导读",明确"知识目标"、"技能目标",按照"案例+实训"的形式编写,力求在编写风格和表达形式上对传统的案例教学模式有所突破。在各专题实训模块结束后,还结合行业,增加了综合案例与实训,使之更符合中等职业学校学生的知识结构和认知水平,提高学生的营销综合技能。

本书按照市场营销职业领域工作过程和典型工作任务确定教学模块,共分十个模块,主要包括:市场与市场营销、市场营销环境、消费者购买行为分析、市场营销调研、市场细分与目标市场、产品策略、价格策略、分销渠道策略、促销策略、行业市场营销综合案例与实训。

本教材配合理论教学安排学时,建议课堂教学学时32~52课时,教师可根据教学内容自行调整。

实训内容	实训课时
市场与市场营销	2~4
市场营销环境	4~6
消费者购买行为分析	2~4
市场营销调研	2~4
市场细分与目标市场	4~6
产品策略	4~6
价格策略	4~6
分销渠道策略	2~4
促销策略	4~6
行业市场营销综合案例与实训	4~6

本书由成都市财贸职业中专学校杨丽佳担任主编。模块1、模块4、模块10由成都市财贸职业中专学校杨丽佳编写;模块2、模块5、模块8由成都市财贸职业中专学校何辑颖编写;模块3由青岛华夏职教中心范云志和成都市财贸职业中专学校王子亮编写;模块6、模块7由成都市财贸职业中专学校周秀娟编写,模块9由浙江省永嘉县职业中学林丐灿和成都市财贸职业中专学校王子亮编写;成都君惠管理咨询公司咨询师谢红梅为本书提供了大量素材和案例资料。

本书在修订编写过程中,得到了成都市财贸职业中专学校、青岛华夏职教中心、浙江省永嘉县职业中学等单位的大力支持。另外,在编写过程中,我们还参阅了国内外有关书籍和报纸杂志等大量资料。在此对上述有关人员和单位表示衷心感谢。由于水平有限,本书的编写,尽管我们付出了很大的努力,但是仍会有缺点和错误,不妥之处,恳请读者批评指正。读者意见反馈信箱:zz_dzyj@pub.hep.cn。

编 者
2011 年 7 月

目　　录

模块 1
市场与市场营销

模块导读

市场营销在我们的生活中无处不在。

怎样进入市场,怎样占领市场,怎样巩固市场,这是萦绕在每一位企业经营管理者头脑中的问题。市场营销活动的主体是企业,最终目的是要通过满足消费者需求获取利润,以实现企业的目标。本模块中,我们将通过经典的营销案例赏析与实训,使同学们理解市场及市场营销的基本概念,树立现代市场营销观念,建立从事营销活动所需的职业意识,以更好地适应未来市场的挑战。

学习目标

■ 知识目标

1. 了解市场及市场营销的内涵,理解市场营销的核心概念。
2. 掌握市场营销观念及演变,树立以消费者为中心的现代市场营销观念。

■ 技能目标

1. 学会正确地认识市场,培养学生分析问题和解决问题的能力,提高学生思维的开阔性与逻辑性,调动其学习的积极性。
2. 建立市场竞争意识,培养学生的创新精神。

一、浏览教材概貌

从教材封面来看，该教材为独立一册，属于中等职业学校市场营销专业专门的教学用书，适用对象为中等职业学校学生。

从教材名称来看，内容包含案例与实训两部分；从出版说明中可以看出，该教材具有"教、学、做"合一的理实一体化理念，具有岗位需求导向的教学内容，具有职业领域工作过程的逻辑结构。

该教材的第一版时间为 2006 年 1 月，第二版时间为 2011 年 12 月，从第二版前言中可以看出，改版作了如下改变：第一，在案例方面做了更新，同时也增加了新的营销理念和思想；第二，在教学的实施方面更加突出实训目标，增强了可操作性。另外，教材在前言中建议了课堂教学学时，教师可以根据教学内容自行调整。

最后，该版教材有配套光盘。教师在教学过程中可以以光盘内容作辅助工具。

二、浏览教材目录

从教材目录中可以看出，该教材共包含十个模块。模块的逻辑顺序与《市场营销学》的逻辑顺序一致，符合市场营销专业学生对基本营销理论的认知顺序，即遵循：认识市场营销→环境分析→消费者行为分析→市场调研→战略分析→策略分析，最后增加一个行业市场营销综合分析的模块。每个模块里包含案例和实训两大部分，案例部分又包含赏析和讨论两个部分。

教师可以根据模块的数量和每个模块的内容设计教学计划，如可以采用如下安排。

模块	案例课时	实训课时
市场与市场营销	1～2	1～2
市场营销环境	2～3	2～3
消费者购买行为分析	1～2	1～2
市场营销调研	1～2	1～2
市场细分与目标市场	2～3	2～3
产品策略	2～3	2～3
价格策略	2～3	2～3
分销渠道策略	2～3	2～3
促销策略	2～3	2～3
行业市场营销综合案例与实训	1～2	1～2

三、浏览具体章节

该教材以模块作为内容划分方式，模块里面具体包括：模块导读、学习目标、案例赏析、案例讨论及模拟实训。

（一）案例部分

在案例部分需要准备的内容可遵循以下几个步骤准备。

（1）阅读"模块导读"，从中了解该模块的切入点和主要内容。例如，从"模块1"的"模块导读"中可以了解市场营销的主体和目的，这些可以在该模块的课堂理论讲授中传递给学生；导读中还交代了该模块会使学生理解市场及市场营销的基本概念，树立现代营销观念、形成职业意识，这些都需要通过案例与实训的教学得以体现。

（2）阅读"学习目标"，包括"知识目标"和"技能目标"两部分。其中，"知识目标"中的条目需要在理论讲授中重点突出，如第2条中的"树立以消费者为中心的现代市场营销观念"必须在课堂讲授中重点强调并反复深化；"技能目标"中的条目需要在实践训练中重点突出，如第2条中的"建立市场竞争意识"可以在实践训练中通过分组竞赛的形式进行锻炼。

（3）阅读"案例赏析"后的"案例点评"，寻找点评内容和案例内容之间的关系、点评中包含的知识要点及点评中没有包含的其他有关联的分析内容，这些准备有利于教师在进行案例教学时熟练进行讲解。

（4）阅读"案例讨论"的内容及后面的讨论题，找出问题的解答要点，以便于在课堂引导学生分析讨论。

（二）模拟实训部分

在模拟实训部分需要准备的内容可遵循以下几个步骤准备。

（1）阅读"知识准备"的内容，从所需要的"知识"中寻找出与该模块即将要讲授的理论知识点的联系，在模拟实训前要将这些知识点交代清楚。

（2）阅读"实训目的"的内容，通过对目的的把握在训练中做到有所侧重。

在具体实训项目中，以实训项目1为例，需要准备的内容可遵循以下几个步骤准备。

（1）阅读"实训步骤"，从步骤中看出学生的分工情况，教师根据授课班级的具体人数初步设定分组数量及各小组人数。再根据步骤中的其他要求提前准备，也可根据实际情况进行增减或更替。另外，教师还应根据授课时间事先规划好各步骤所需的时间。

（2）阅读"实训指导"，了解在实训中对学生的要求，同时教师可以根据所讲授理论增加实训的指导要求。例如，除了该指导中提出的"模拟公司组织制定出以市场为导向，以消费者为中心的现代营销观念"之外，还可以要求学生根据自己所在小组设计的经营范围确定应满足消费者哪些方面的需求等。

（3）阅读"实训考核"。根据考核要求在实训过程中或实训结束后对学生进行考核，并规划好考核结果与该课程总体考核结果之间的关系，做好考核记录的准备。

□模拟实训

选择指定教材的某一章节，按以下步骤进行讲稿准备练习。

步骤一：浏览教材该章节内容，选定一课时的内容。

步骤二：阅读教材该章节内容，确定讲授的内容可分几个部分。

步骤三：将每部分内容的标题按照讲授的先后顺序列出。

步骤三：将每部分所讲授的具体内容列出。

步骤四：将每部分所讲授内容对应的例子列出。

步骤五：根据所讲授内容设计课堂练习的内容。

步骤六：根据所讲授内容设计课后作业的内容。

步骤七：根据所准备的讲稿进行课堂讲授练习，在练习过程中对讲稿进行补充和修改。

□工具使用

讲稿的文本格式

讲授内容标题（对应教材章节）	授课时间：
上节内容回顾：	
本节讲授内容 标题一 （内容） 标题二 （内容）	举例
本节练习 （内容）	
课后作业 （内容）	

□知识巩固

一、判断题

1. 学情准备是指对授课对象情况的掌握，根据所教学生的特征因材施教，提升授课效果。（　　）

2. 根据中等职业学校学生的特点，传统的理论讲授式教学方式特别适用于中等职业学校学生的要求。（　　）

3. 为了保证学生在课后能够有效巩固所学知识，教师在准备作业时应尽量达到量大、难度大。（　　）

二、多项选择题

1. 新教师在分析教材的过程中应重点从以下几方面进行考虑（　　）。

　A. 教材的性质及教学目的　　　　　　　B. 教材的结构体系及逻辑

　C. 教材内容的主次及重难点　　　　　　D. 教材的语言特色及吸引力

2. 针对市场营销专业的教学及该专业中等职业学校学生的接受特征，可以选择的教学方法有（　　）。

　A. 案例教学法　　B. 角色扮演法　　　C. 项目教学法　　　D. 情境教学法

3. 市场营销专业中等职业学校教师可以选择的课堂练习方式包括（　　）。

　A. 理论性练习　　B. 课堂实训练习　　C. 实践练习　　　D. 模拟练习

项目二

教学实施

教学实施是教师在教学准备的基础上进行的主要教学过程环节，也是衡量一位教师教学水平的主要环节。从该环节开始，教学将由"教师"和"学生"共同完成。该模块中的教学实施包括"课前检查"、"新课讲授"、"课堂互动"和"任务布置"四项任务组成。

任务一　课　前　检　查

□任务导读

课前检查是帮助教师了解前一次课的讲授效果和学生学习效果的必要手段，也是帮助学生回顾前一次课内容的重要环节。要求教师首先回顾前一次课讲授内容，并选择适当的方式、安排合理的时间进行课前检查。

□学习目标

1. 了解课前检查的要求
2. 掌握课前检查的方式
3. 掌握课前检查的评定方法

□实施指导

一、课前检查的意义及方法

教学中的课前检查是保证教学质量的重要前提，也是教学质量管理过程中必不可少的环节。从质量管理的角度，为了保证质量管理过程的持续改进，现代质量管理的奠基者休哈特于1930年提出构想，美国质量管理专家戴明博士在1950年提炼得出的PDCA管理模型可以用于教师的教学质量管理。PDCA是英语单词plan（计划）、do（执行）、check（检查）和action（行动）的第一个字母，PDCA循环就是按照这样的顺序进行质量管理，并且循环不止地进行下去的科学程序。教师根据教学计划（P）开展教学活动（D），在下一次教学活动开始前应对上一次教学结果进行检查（C），然后根据检查的结果调整下一次教学过程（A）。因此，根据这种方法，教师在课前对上一次课学生的接受结果进行检查，再根据学生的接受情况调整本次课的内容及进度，同时也能够帮助学生对学习内容进行回忆和衔接。

二、课前检查的内容及要求

课堂教学中,在讲授新课前检查学生已学知识,既是复习巩固的重要方法,也是新旧交替的中间环节,起着承上启下的作用。检查和复习往往是有机结合的,检查的过程也就是复习的过程。检查的方式多种多样,既可以让学生简单复述前一次课的主要内容,也可以让学生做与前一次课所学知识相关的习题,还可以让学生回答教师所提问的问题,或者让学生展示课后作业的内容。具体的方式要根据学科特征、教材性质和教学要求来决定。课前检查所用的时间要根据实际需要决定。为了提高课前检查的效果,教师应注意以下几点。

(一)课前检查时间必须适当

教师必须明确,课前检查学生的已学知识是一项教学任务,应该利用一定的时间做好这项工作,不能为了节省时间就草率从事,以致使课前检查流于形式。

(二)课前检查必须有充分的准备

教师对于课前检查要有充分准备。以提问为例,教师所提的问题要有明确的要求:是要求学生理解的,还是要求记忆的,还是要求应用的,都应该详加考虑。检查的问题难度要适中,不宜太简单,也要能够达到多数学生的能力水平。如果要求学生讲述定理或定义,一定要求学生能够举例说明。检查复习时,提问哪些同学,也应当事先考虑好。是要了解学生学习情况,还是要补充知识缺陷,还是要提高学生信心以鼓励他进一步努力,教师都要心中有数、有的放矢。为了达到这个目的,对于不同层次的学生,可以提问不同的问题。让成绩较差的学生回答比较容易的问题,可以提高他们的自信心,提高他们学习的热情。但又不能一成不变,因为经常如此会使成绩较差的学生不了解自己的知识掌握实际情况,以至产生盲目的骄傲自满情绪。同样,对于成绩好的学生,所提的问题也要适度。

(三)课前检查必须注意检查方法

课前检查时,应当先将问题提出,让全班学生思考,然后指名,指名不宜过快。指名以后,仍然可以给该学生一定的思考时间,不要催促其回答。如果回答不出来,或者回答错误,教师可以做适当的启发,但不宜紧紧追问,更不能与个别同学对话太久,忽略了其他学生。如果学生回答错误,也不要轻易中途打断,让学生把错误答案说出来,可以发现他的思维痕迹和知识盲点,再征求其他学生的意见加以纠正,这样可以通过具有代表性的错误对全班同学进行知识纠正。另外,纠正过程要顾及该学生的心理感受,要以平和、积极的态度进行对待。

（四）课前检查的同时应该对学生的成绩进行评定

检查学生已学的知识后，教师对学生所作的回答要加以评定，也可以进行适当评分，但不必每次都进行评分。教师评定学生的答案时，既要肯定学生的成绩，也要指出其缺点。所作的评语也要与评定的分数相称。如果学生的答案是"基本正确"，那么评分时应给予 80～90 分，而不是过高或过低。这样做能够使学生充分重视课前检查，也便于教师期末综合评定时参考，既体现了教育的严谨作风，也有利于培养学生严谨的学风。

□学习范例

例如，前一次课所讲授内容为《市场营销学》导论，本次课进行课前检查时可围绕以下问题、通过以下方式之一进行。

一、通过提问进行检查

问题 1：市场营销就是研究产品的销售吗？
问题 2：市场营销组合包括哪些具体内容？
问题 3：需要和需求的区别是什么？
问题 4：顾客价值和顾客满意的关系是怎样的？
问题 5：营销近视症是指哪种营销观念？

二、通过学生的知识复述进行检查

内容 1：简要复述市场营销学的形成和发展过程。
内容 2：简要复述所讲授的几种营销观念。

三、通过作业展示进行检查

在前一次课讲授《市场营销学》导论后，给学生布置如下案例，根据案例后的问题完成作业（可以以分组的形式），在本次课前让学生对作业的完成结果进行展示。

案例：美国一家制鞋公司要寻找国外市场。公司派了一个业务员去非洲的一个孤岛，让他了解一下能否将公司的鞋销售给他们。这个业务员到非洲后待了一天，发回一封电报："这里的人不穿鞋，没有市场。我即刻返回。"公司又派出了另一名业务员，第二个业务员在非洲待了一个星期，发回一封电报："这里的人没穿鞋，鞋的市场很大，我准备把本公司生产的鞋卖给他们。"公司总裁得到两种不同的结果后，为了了解更真实的情况，于是又派了第三个业务员。该业务员到非洲后待了三个星期，发回一封电报："这里的人不穿鞋，原因是他们脚上长有脚疾，他们也想穿鞋，不过不需要我们公司生产的鞋，因为我们的鞋太窄。我们必须生产宽鞋，才能适合他们对鞋的要求。这里的部落首领不让我们做买卖，除非我们借助于政府的力量和公共活动搞大市场营销。我们打开这个市场需要投入大约 1.5 万美元。这样我们每年能卖大约 2 万双鞋，在这里卖鞋可以赚钱，投资收益率约为 15%。"

问题：如果你是本案例中的公司总裁，你将采纳哪一个业务员的建议？为什么？

□模拟实训

步骤一：选择一门专业课程的一部分，拟设为前一次课所讲授内容。

步骤二：根据所选内容设计课前检查的要点。

步骤三：根据所设计的检查要点选择课前检查方式。

步骤四：根据课前检查的要点和检查方式，以本班级同学为模拟对象，选择拟检查对象范围。

步骤五：对拟检查对象进行不同检查要点及不同检查方式的检查。

步骤六：结合检查对象的意见，对本次课前检查进行自我评价。

□工具使用

课前检查记录及评定表

方式 要点	检查内容（章、节）				检查时间：		
	提问	知识复述	作业展示	其他	检查对象姓名	评定结果（等级/分数）	评语
1							
2							
3							
4							
检查结果综合评价							

□知识巩固

一、单项选择题

1. 与质量管理类似，教学管理中的课前检查相当于 PDCA 中的（　　）环节。

　　A. 计划　　　　　　B. 执行　　　　　　C. 检查　　　　　　D. 行动

2. 关于课前检查的要求，下列哪项是错误的（　　）。

　　A. 课前检查时间必须适当　　　　　　B. 课前检查必须有充分的准备

　　C. 课前检查必须注意检查方法　　　　D. 课前检查时不必对学生的成绩进行评定

二、简答题

1. 课前检查的主要作用是什么？
2. 为了提高课前检查的效果，教师应注意哪些方面？

任务二　新 课 讲 授

□任务导读

课程讲授是教师的主要职能，也是基本技能。从广泛意义上来讲，新课讲授既包括新教师的首次授课，也包括老教师对一门课程的首次讲授，还包括教师在每次授课过程中对每一个新章节的讲授，甚至包括教师面对新一级学生的课程讲授。在此，以新教师讲授新课程为例，介绍新课讲授的相关要求与技巧。新教师在讲新课时将面临"任务新""对象新""内容新"等多种陌生环境，因此在讲授新课之前，除了做好充分的备课之外，还应做好相关心理上和技巧上的准备。

□学习目标

1. 了解新课讲授的要求
2. 掌握新课讲授的方法与技能

□实施指导

韩愈在《师说》中提到教师的三项职能——传道、授业、解惑，其中传道是指传授教育道德观念，德为先，这是基础教育，没有良好的思想道德基础不可成才；授业是指传授学业、技能，是使学习者适应生活、适应社会的各种理论知识和技术；解惑是指教师利用自身的知识、技能为学生解开困顿、迷惑。传道、授业、解惑三者缺一不可，而教师的讲课属于"授业"这一部分，也是教学过程中最核心的部分。面对一次新的"授业"过程，教师应全面而深入地进行准备和实施。

一、新课讲授前思考的问题

教师在讲授新课之前应首先思考以下三个问题。

（1）要清楚自己为什么要讲该门课。想清楚这一问题可以避免教师认为讲课只是为了完成学校的教学要求而做的日常事务。在该问题上，教师可以从以下几点内容进行考虑：为了传递某种学术思想、为了引导学生寻找某种问题的答案、为了鼓励学生支持自己的某些态度和观点、为了鼓励学生对某个课题感兴趣等。想清楚自己讲课的真正动机，会比完成一项工作上的任务更具有积极性与方向性，也会为授课内容的组织和授课方式的选择提供有力的支撑。

（2）要清楚自己的授课被学生需要的程度。学生对课程的期待一般表现在两个方面：一方面对课程内容的期待，即通过课程的听讲接受所需要的理论知识与学术观点。这要求教师准确、充分地将自己掌握的知识清楚地传授给学生，将自己的观点透彻地表达给学生。另一方面是对教师展现的期待，即在学习知识的过程中接受教师的言传身教，受教师的思想、形象、行为等多种因素的感染。这对教师的综合素质提出了较高的要求，要求教师具有正确的价值观念、渊博的学识、良好的个人形象、良好的表达能力、风趣的性格特征，甚至要求教师具有个人吸引力等人格魅力，而这些是需要教师在教学过程中逐渐锻炼发展的。

（3）要清楚怎样才能让自己的授课具有吸引力。在弄清楚这个问题之前，教师应知道讲课的目的是让学生接受，而不是单纯的教师自我表达。因此，教师可以在如何让学生更好地接受所讲内容上寻找适合自己的授课方法。从当今的学生特征来看，特别是中等职业学校的学生，更倾向于关注与自己生活或心理接近的内容，而这些内容恰恰与教师课堂所讲授的理论知识有差别，很多教师会发现，在授课过程中，学生的关注度与授课内容具有反相关性，即学生喜欢听与课堂内容无关的话题。因此，为了实现知识传授与知识接受的协调统一，教师应尽量在教学过程中将学生感兴趣的内容与教学内容有效联系，通过有吸引力的展示方式来实现。

二、新课讲授中的常见内容

教师在讲授新课过程中应重点掌握以下三类常见内容的讲解。

（1）抽象问题。在科学研究中，我们把科学抽象理解为单纯提取某一特征加以认识的思维活动，它是看不见、摸不着的，是不能被人们的感官所直接把握的东西，它几乎成为孤立、片面、思想内容贫乏空洞的同义词。因此，抽象问题在被接受和理解过程中会显得枯燥与复杂，这导致教师在教学过程中难以通过抽象内容的讲解吸引学生的注意力。但有些老师由于对专业内容比较了解，在讲授理论的时候，直奔他们讲起来比较舒服的抽象概念，而这些概念却让学生觉得眼花缭乱、手足无措。因此，为了让学生能够接受这些内容，教师可以从自己的生活中找出例子来说明，把抽象内容还原为事实经验，即抽象内容具体化，或使用一些与主题相关的时事、热点的例子来辅助讲解。

（2）举例。举例是教师在教学过程中经常使用的技巧，它是将抽象内容具体化的最简单、有效的方式。在举例时应注意以下几点：首先，例子的选择要与讲授内容密切相关。不能为了举例而举例，要使例子很好地支持理论内容，以加强学生对抽象理论的理解。且在举例之后要进行适当分析，把例子中的内容与理论内容一一对应。其次，例子的选择要接近学生心理。一方面，例子的难易程度要适中，避免过于深奥、冗长或者过于肤浅、低俗的例子；另一方面，例子要具有时代特征，不能过于陈旧，最好与学生最关注的热点话题密切相关。

（3）逻辑分析。逻辑分析是以抽象的、理论上前后一贯的形式对分析对象的发展进行概括研究。逻辑分析在市场营销专业的教学过程中也会经常使用。比如，在介绍《市场营销学》的内容结构时，在讲授《营销策划》的相关理论时，都需要进行逻辑推理。逻辑分析首先要求教师对所讲授内容的逻辑结构十分清晰，并用简洁、清晰的语言进行分析描述。同时，在推理过程中还应利用板书进行内容框架的描绘，这样有利于吸引学生的注意力，并加强学生的记忆。

三、新课讲授的技巧

教师在讲新课过程中应注意以下几点技巧。

（1）讲授内容应体现专业培养目标的要求。中等职业学校各专业的课程结构及其内容结构一般都是根据专业培养目标、学科体系及学生发展水平等因素综合制定的，但其中的核心是专业培养目标。因此，无论是确定一门课的教学目标与教学内容，还是选择与组织其讲授的内容，都应围绕专业培养目标的要求，而且应是专业培养目标的逐层分解，是为实现专业培养目标服务的。因此，教师必须根据教学大纲规定，围绕专业培养目标从教材中精选出课堂讲授内容。

（2）讲授内容要抓住主题，突出重点和难点。课堂讲授要鲜明地突出主题，围绕主题展开教学。而主题也应表现出层次性，每一章节、每一堂课都应有相应的主题，而每一主题又应有各自的重点和难点。重点和难点的选择与确定是以教材的系统性为依据的，重点实际上就是教材系统的中心内容及各种内在联系的关节点，难点就是多数学生在理解和掌握过程中具有一定困难的知识点。教师在讲授过程中还必须紧密围绕教学大纲和教学计划，以教学大纲为依据处理好授课内容的重点和难点，科学地安排有关内容的讲授时数和课堂教学结构。尽量少讲学生自己能看懂的一般内容，更要避免毫无节制地即兴发挥，否则就会造成后续内容的讲授因时间的限制难以展开。另外，由于教材中的内容比较全面而详尽，且学生具有自主阅读教材的能力，教师没有必要按照教材内容进行面面俱到的讲授，而要围绕主题在重点、难点上深入和扩展。同时，在讲授重点的过程中还应与学生心理认知过程相统一，以便更加有效地在学生头脑中建立知识点之间的联系。

（3）讲授内容要体现科学性与思想性的统一。由于各学科在其发展过程中都具有确定性和不确定性两面性，而在教学过程中主要讲授确定性的一面，如最新的科学理念、方法等，但同时也应指出仍存在的尚未解决的问题，以及在各种矛盾中的不同观点、不同学派，使学生了解科学中存在的不确定性及仍然需要继续探索的一面，以激励学生的创造精神及辩证思维。因此，教师在讲授新课的过程中应积极表达在某一科学领域尚未包含在教材内容中的观点，实现掌握已知与探索未知的结合。

（4）讲授的内容要通过逻辑性进行衔接。多数新教师在授课过程中以教材或讲稿的各部分标题内容为顺序，在授课过程中经常出现诸如"第一，我们来讲……""第二，我们来讲……""第三，我们来讲……"的语句，这样表述虽然能使学生对课堂的内容结构清晰掌握，但也会使学生在听课过程中感到枯燥，甚至会失去听课兴趣。因此，教师应在教学过程中逐步锻炼，通过内容的逻辑顺序进行衔接，使内容按照发展的先后顺序或思维的先后顺序进行展开。

新课的讲授对于一名新教师来说，具有一定的挑战性，而新课的开场则对后续课程的讲授具有更大的影响力。第一堂课是教师给学生的第一印象，教师在第一堂课应做到：使学生对本课程有个大概的了解，了解本课程在整个专业知识结构和课程体系中的地位与作用，了解本课程各部分内容的逻辑关系和讲授重点，提高学生学习本课程的认识和兴趣，为本课程的后续章节作铺垫。根据教学内容和教学对象的实际情况，可以考虑采用开门见山的直切主题形式，也可以适当设问引起悬念、激发想象，还可以展示实物等教具引入正题等。良好的开场能够吸引学生的注意力，激发学生的积极思维，使学生在开课后的最短时间内进入学习状态。尽管具有艺术性的开课形式不仅倾注了教师大量的时间和精力，还体现了教师的智慧和创造性，但这些对于增强课堂教学的吸引力和感染力，提高课堂教学的效果和质量，具有极其重要的作用。

□学习范例

如何进行逻辑分析讲授？

按照"市场营销学"课程中各部分内容的逻辑关系图，参考以下讲授内容。

"从导论入手，在学习市场营销相关理论之前，应首先掌握市场营销的相关概念、研究对象、基本观念。明确上述基本问题后，可以站在企业的角度逐步执行以下各部分内容。首先，帮助企业了解所面对的市场营销环境，这一步骤将从宏观层面和微观层面两部分了解企业在生产经营过程中面对的不同环境，使企业能够正确认识自身与外界的关系。在此基础上，进行两类市场的研究，以消费者市场为主，分析企业生产经营活动所指向的对象群体的特征及行为，使企业能够根据消费者群体的心理和行动导向设计及组织生产经营。进一步，进行市场调研与预测的学习，掌握各类市场信息的获取方式与分析方法，为后续的战略及策略制定做准备。至此，进入战略层面的分析，主要包括市场细分、目标市场选择和市场定位三部分内容，企业将产品根据消费者的不同需求进行分类，进而确定产品指向的消费者群，并明确产品在市场中的竞争优势。在制定战略规划的基础上，进行策略层面的分析，在产品方面，企业将根据消费者需求，在不同层面上进行设计与生产，再以市场调研为依据，运用科学的定价方法进行价格确定，进一步，选择适合的渠道进行产品的销售，最后，根据各类促销方式的特征，将相应的促销方式运用到产品销售中，完成策略层面内容的制定。在掌握上述主要营销理论之后，还应了解企业中的各类营销管理工作，以及补充了解当前营销中的热点理论，如国际市场营销、服务营销、网络营销等。"

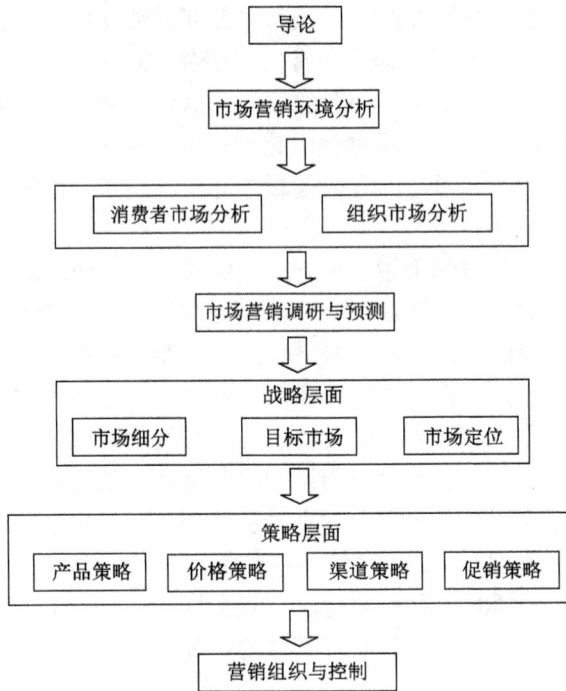

```
                    ┌──────┐
                    │ 导论 │
                    └──────┘
                       ⇩
              ┌──────────────────┐
              │  市场营销环境分析  │
              └──────────────────┘
                       ⇩
   ┌─────────────────────────────────────────┐
   │  ┌──────────────┐    ┌──────────────┐   │
   │  │ 消费者市场分析 │    │ 组织市场分析 │   │
   │  └──────────────┘    └──────────────┘   │
   └─────────────────────────────────────────┘
                       ⇩
              ┌──────────────────┐
              │  市场营销调研与预测  │
              └──────────────────┘
                       ⇩
   ┌─────────────────────────────────────────────┐
   │                  战略层面                     │
   │ ┌──────────┐  ┌──────────┐  ┌──────────┐    │
   │ │ 市场细分 │  │ 目标市场 │  │ 市场定位 │    │
   │ └──────────┘  └──────────┘  └──────────┘    │
   └─────────────────────────────────────────────┘
                       ⇩
   ┌───────────────────────────────────────────────────────┐
   │                     策略层面                            │
   │ ┌────────┐ ┌────────┐ ┌────────┐ ┌────────┐           │
   │ │ 产品策略 │ │ 价格策略 │ │ 渠道策略 │ │ 促销策略 │           │
   │ └────────┘ └────────┘ └────────┘ └────────┘           │
   └───────────────────────────────────────────────────────┘
                       ⇩
              ┌──────────────────┐
              │  营销组织与控制  │
              └──────────────────┘
```

□模拟实训

步骤一：选择市场营销专业课程的一部分具有逻辑结构的内容进行讲授准备。

步骤二：做出该部分内容的逻辑关系图。

步骤三：根据所做的逻辑关系图进行逻辑关系的讲解。

步骤四：根据听者的反馈意见进行总结和评价。

□工具使用

应用软件 MindManager 进行思维导图绘制。

□知识巩固

一、多项选择题

1. 新教师在讲新课时将面临的陌生环境包括（　　　）。

　　A. 任务新　　　　　　B. 对象新　　　　　C. 内容新　　　　　D. 岗位新

2. 教师在讲授新课过程中经常遇到的内容有（　　　）。

　　A. 抽象问题　　　　　B. 举例　　　　　　C. 逻辑分析　　　　D. 热点问题

二、简答题

1. 教师在讲授新课之前应首先思考哪几个问题？

2. 教师在讲新课过程中应注意的技巧有哪些？

任务三 课堂互动

□任务导读

传统的单向传输的授课方式会使课堂气氛沉闷，不仅会使教师感觉疲惫，也会降低学生的学习热情，影响授课效果。通过课堂互动可以弥补这一缺陷，充分调动学生的听课积极性，在轻松、愉快的课堂氛围中达到对所讲授知识的有效吸收。尽管课堂互动已经被多数教师认为是有效的教学手段，但由于教师对课堂互动的要求和方法掌握得不到位，尤其是新教师，课堂互动的效果无法较好地体现。

□学习目标

1. 了解课堂互动的要求
2. 掌握课堂互动的方法与技巧

□实施指导

一、课堂互动的含义及意义

课堂互动全称为课堂教学互动，是指师生互相交流、共同探讨、互相促进的一种教学组织形式。

通过课堂互动的教学方式可以弥补"教师讲、学生听"这种单向传输式授课过程中存在的内容枯燥、气氛沉闷等不良课堂效果，课堂互动教学方式的优越性体现为以下几点。

（1）活跃课堂气氛。良好的课堂气氛不仅可以提高教师讲课的积极性，也可以促进学生对所讲授内容的注意和吸收。教师与学生之间及学生与学生之间的学习情绪、状态都是相互影响的，良好的课堂气氛是学习的必要前提，是课堂互动式教学所要达到的效果，但并不是根本目的。

（2）提高学生的学习积极性。对于中等职业学校学生这一授课对象来说，其年龄特征、素质特征及能力特征使得他们缺乏自主听课的积极性和约束力，再加上网络媒体等外界环境的影响，无论教师授课的内容是否有吸引力，都使他们难以摆脱外界诱惑而认真听课，而互动教学是吸引学生参与课堂授课过程的一种有效手段。

（3）有助于学生对所讲知识点的吸收。通过课堂互动鼓励学生积极参与课堂教学，从而促进学生对所讲知识点的理解和吸收，这是课堂互动教学的根本目的。经过教师的讲解和学生的理解，将知识点应用于案例的讨论、问题的解答、方案的策划等互动过程中，在应用过程中加深学生对知识点的进一步吸收。

（4）缓解教师的授课压力。对于一位新教师来说，课堂讲授并不是一件轻松的事情，需要结合授课材料，通过严密的思维和通畅的语言将内容表达出来，并通过多种方式调动学生的积极性，如果遇到学生不配合，就会使教师感觉更加疲惫。在理论知识讲授后，通过课堂互动让学生参与到教学中，也可以在一定程度上缓解教师授课的压力。

二、课堂互动的总体要求

在进行课堂互动时，首先应遵循以下总体要求。

（1）师生要互教互学，形成真正的学习共同体。师生的关系是平等的、民主的，整个教学过程是师生共同开发、探讨、丰富课程的过程。在互动中，学生发挥自己的个性和创造能力。

（2）师生间交流的信息面可以具有广泛性。在互动交流中，知识、技能、情感、态度、价值观都可以进行充分的交流，通过交流，师生间能够相互影响、相互补充，教学过程也就成为学生发现问题、提出问题、解决问题的过程。

（3）师生的互动要设立预期目标。教学中的师生互动是用来解决问题的，这个问题就是预期目标，有了预期目标，师生互动就不会只流于形式，而是能使互动过程有序化。在此基础上的师生互动才会使学生对问题的理解更加深入、全面，才能体现出师生互动的效果。

三、课堂互动的具体要求

在遵循总体要求的基础上，教师在进行课堂互动时，还应结合所讲授内容和学生特征，注意以下几方面具体要求。

（1）互动内容与所讲授内容要紧密结合。教师在进行课堂互动时，应注意互动内容与所讲授内容的密切联系性，不能单纯为了活跃课堂气氛而进行互动，也不能将互动内容与所讲授内容分别设在两次距离间隔较大的课堂中进行，最好在同一次课或下一次课上进行，这样才能达到较好效果。

（2）互动时间与讲授时间要合理分配。互动时间应与教师讲授的时间合理分配，如果讲授时间过长、互动时间过短，会使学生在听课过程中提前进入疲惫期，而在互动时将所讲知识忘记，达不到较好的知识吸收效果；如果讲授时间过短、互动时间过长，会使学生在没有完全掌握知识要点的情况下进行互动，学生会在互动时过于随意，同样达不到较好的知识吸收效果。

（3）互动形式要根据互动内容灵活调整。教师在选择互动形式时要根据互动内容进行变化、调整，不能将所有讲授内容按同一种方式进行互动，否则会使学生增加互动的厌倦感而放弃课堂互动，或者把课堂互动当成应付教师考核的负担。

（4）互动过程与互动结果评定要具有关联性。为了保证互动过程的严格性与课堂教学的严谨性，教师应该对课堂互动过程进行考评，并作为主要随堂考评方式之一。这样既可以使学生充分重视课堂互动而鼓励自己积极参与，也可以帮助教师随时进行参与学生的调控，如根据学生参与课堂互动的次数和表现进行评分，对分数较低的学生进行调动，增加他们对课堂互动的参与程度。

四、课堂互动的主要形式

课堂互动的主要形式可以归结为以下几个方面。

（1）双向互动型。这种互动方式中，师生之间信息互送、互收、互相反馈。在课堂上主要表现为师问生答或生问师答等师生对话形式。

（2）多向互动型。这种互动形式与双向型互动不同的是，互动过程中除了师生之间有相互作用外，学生之间也有相互作用和信息的双向流通。它强调信息的多向传递反馈。在课堂上的常见形式有：小组讨论、组间竞赛等。

（3）网状互动型。这种互动中，学生和教师构成一张紧密联结的网，每位学生、每个老师是这张网的一个节点，能够牵一点而动全网，互动的辐射范围非常广。这种互动强调师生平等参与学习活动，信息全面开放，教师不再是唯一的学习源。这种互动的载体往往借助现代信息技术的网上互动活动。

在实际教学中，这三种互动往往交织在一起，缺一不可，教师应根据互动内容选择适合的互动形式。

五、课堂提问式互动的技巧

广义的课堂提问应该分两部分，即在上课时间，教师对学生的提问及学生对教师的提问。任何一种课堂提问都属于教师和学生之间的双向型课堂互动，而这里所指的课堂提问主要为教师对学生的提问。以课堂提问为主要表现形式的双向互动应注意以下技巧。

（1）注重问题设计。提问的质量和问题的设计有着密切的关系。如果教师在备课时并未进行问题设计而是即兴提问，这样的问题往往偏离教学重点和关键，或仅仅限于较低水平。问题的设计要围绕教学目标，符合学生实际，体现教材的重点、难点。这要求教师在备课过程中，认真钻研大纲和教材，挖掘各知识点之间的内在联系，并根据学生的实际精心设计多种水平的问题。首先，所设计的问题难易要适当，问题过难，会使学生丧失回答问题的信心；问题过易，则不利于学生能力的发展。问题的难易程度应以多数学生经过思考后能正确答出为宜。其次，课堂提问应尽量形成系列，环环紧扣教学内容，对于易混淆、易出错的知识点应通过提问来加以区别，要改变课堂提问的随意性，把问题设计作为备课的重要内容之一。

（2）注重问题的语言表达。表达清楚的提问，能够提高学生正确回答的可能性。提问的语言力求做到准确、简洁、清晰，避免不规范、冗长或模棱两可的提问。尽量避免反问、避免将答案包含在问题之中、避免在提问后重新对问题加以说明。

（3）注重因人施问。教师在教学过程中，应善于察觉学生的学习态度和水平，区分学生座位分布、听课状态分布、课堂活跃程度分布等，通过这些区分确定学生的大致等级水平，再针对不同等级水平的学生设置不同难度的问题。

（4）注重提问的时机。在课堂教学过程中，教师提问要注意把握时机，如果时机得当，能够最大限度地调动学生的积极性，起到事半功倍的效果。如果时机不当，则会分散学生的注意力，起到适得其反的作用。教师可以通过将提问问题分类的方式把握时机，使提问更加科学。如将课堂提问分为新课前的复习提问、过渡提问，讲授中的重点提问、难点提问，总结中的总结提问，还有为激发兴趣而设置的理论联系实际的提问、应用性提问等。这些提问应用得及时，能优化课堂教学过程，从而使学生积极主动地思考、学习，达到最佳的教学效果。

（5）注重提问的方式。教师在提问时应当先向全体学生提问，给大家一定的思考时间后，再指定个别学生回答。这样可以使全班学生注意教师所提的问题，并在心中拟定答案，加强学生思考。同时，教师在提问时不应完全依照固定的次序，如点名册、座位号等，而应进行随机或者混乱次序提问，但要平均分配于全班学生。

（6）注重提问后评价。在课堂提问过程中，教师要及时对学生的回答做出评价。评价语言要不拘一格，评价内容包括对学生回答状态的评价和回答内容的评价，回答状态的评价主要是对学生的语言表达、信心程度等外在表现的评价，回答内容的评价主要是对答案正确与否、思维逻辑性、分析广度与深度等内在方面的评价。

六、小组讨论式互动的技巧

小组讨论是一组学生围绕某一话题进行交流，最后得出一定结论的学习方式。这种课堂互动的方式在国外大学课堂中十分常见。从市场营销的专业特征来看，多数专业课都非常适用小组讨论这种方式进行课堂互动，如产品的设计、渠道的选择、促销方案的设计、综合的营销策划等。

（一）小组讨论式课堂互动的时机选择

对于小组讨论这一课堂互动的形式，教师应在以下两种情形中去适用：一是突破教学重、难点时。教学重、难点在整个课堂中起着至关重要的作用，通过小组讨论可以加强学生对知识点的认识。二是某些问题可以寻找多种解决思路时。所得结论不唯一的问题，通过小组讨论可以充分调动学生的思维，得出多样化的解决方案。

（二）小组讨论式课堂互动的实施步骤

（1）学生分组。根据班级人数将学生分组，一般以每组 5 人左右为宜，最好控制在 3~8 人。如果每组人数过多，会使有些学生产生"搭便车"行为，不积极参与到小组讨论中，而是指望其他成员参与；如果每组人数过少，就会使班级整体组数过多，这样既会延长课堂互动的总耗时，也会使部分学生由于互动参与过频而产生厌倦。

如何分组对于达到小组讨论法的预期效果也是至关重要的，创造性地进行小组讨论分组主要是要求教师能够根据学情的特征灵活选择分组方式和组内角色分工。主要的分组形式有：按既定座位随机分组、按学生自由组合分组、按抽签的方式分组。比如，按学生自由组合分组，可以使学生根据宿舍或者平时熟悉的伙伴组建在一起，以便于沟通顺畅。

另外，在分组之后，教师应及时提出考核要求，即在小组讨论后，要求每组派代表对讨论结果进行陈述，而该代表和其他成员的评价结果是有区别的。

（2）提交小组成员名单，建册。分组后，教师应要求每个小组将成员名单提交上来，教师再对各组进行编号，也可以鼓励各小组为自己设计组名，这样便于教师在讨论后进行结果陈述时召集各组成员代表，并在陈述完成后对评价结果进行记录。

（3）布置讨论主题，提出讨论要求。教师在准备讨论主题时应注意，讨论的主题大体可以分为多元性答案的主题和可争论答案的主题，对于多元性答案的主题，教师可以事先准备好可能得出的答案类型，再根据课堂讨论的结果进行调整和补充；对于可争论答案的主题，教师也应事先预测出可能得出的相互矛盾的答案类型，再计划好当这种情况发生时，如何进一步处理，如通过小组间辩论等形式进行课堂互动的延伸。

（4）讨论过程控制。在布置好讨论主题后，就是学生进行小组讨论的过程，在该过程中，教师首先应该进行基本控制，即时间控制和纪律控制。在时间控制上，教师要注意，讨论的时间根据主题的难易程度一般在 10~20 分钟为宜，如果时间过长，会导致学生提前讨论结束后谈论与课堂内容无关的事情；如果时间过短，会导致学生没有讨论充分而影响效果。在纪律控制上，主要就是保证学生不要随意走动、不要声音过大、不要做课堂之外的事情等。除了基本控制之外，教师还应进行讨论过程的跟踪监测，这种监测主要是记录讨论过程中学生的表现，以便于事后点评，并帮助学生改进讨论效果。跟踪监测的做法可以参考企业招聘面试中的"无领导小组讨论"，教师可以以某一小组为跟踪对象（每次跟踪不同的小组），站在附近进行监测，主要观察在该小组中，哪位学生领导讨论、哪位学生引领思路、哪位学生进行时间控制、哪位学生做记录，甚至哪位学生不参与讨论等（可参考"小组讨论监测表"）。在小组讨论结束后，教师进行点评时可参考该监测表。

（5）讨论结束，结果陈述。在讨论结束后进行结果陈述的时候，教师首先应注意，陈述可以按自愿或组号顺序进行。如果按自愿的顺序进行陈述，先陈述的小组可以避免答案被提及过，后陈述的小组尽管可以较充分准备并借鉴前组答案，但可能所得答案已经被提及过，还需做其他补充陈述。如果按组号进行，虽然可以避免上述问题，但如果轮到的组尚未完全准备好，会造成暂时的冷场。鉴于以上两种方式的优缺点，教师应根据课堂现场情况灵活选择。此外，为了鼓励更多的学生积极参与课堂互动，教师也可以同意每组有多位代表进行结果陈述。在陈述时，教师最好鼓励学生到讲台进行结果陈述，在讲台陈述和在座位上陈述对学生表达能力的锻炼效果是不同的。同时，在学生陈述过程中，教师应进行板书记录，这样做便于在结果陈述后进行点评时做参考。

（6）结果汇总，教师点评。教师在点评时要对两个方面进行点评：一方面是讨论过程点评，教师首先对班级的整体讨论过程进行点评，再根据所跟踪小组的讨论监控情况进行个别点评；另一方面是讨论结果的点评，这一过程主要是对各组讨论结果的点评。根据教师的黑板记录，对学生的讨论结果进行汇总，如对多元性答案的结果汇总及教师的补充，或可争论性答案结果的延伸辩论等。

□学习范例

根据以下所讲授知识内容，对所选择的互动内容与方式进行分析评价。

促销策略——广告信息表达决策

广告的效果不仅取决于广告信息内容的质量，而且取决于广告信息的表达方式。最常用的信息表达形式有以下五种。

（一）情感诱导与理性诱导策略

广告在劝说消费者时，可以采取两种方法，一种是同消费者讲道理，另一种是同消费者交流感情，前者叫理性诱导，后者叫情感诱导。对人类行为影响更大的往往是情感而不是理性。在广告传播中，情感的煽动有时比理性的劝说作用更大。这两种手法，可以单独使用，也可以结合起来运用。对文化程度较低的消费者和女性消费者，采用情感诱导方法比较有效，而对文化程度较高的受传者则以理性剖析为主；如果广告的传播目的是使消费者在较短的时间内马上采取购买行动，可运用情感煽动的方法；如果广告传播的目的是使消费者长期对商品保持良好的印象，那么比较好的做法是诉诸理性劝服；一般技术性较强、价格较高的产品在进行广告宣传时常采用理性诱导的方法，而生活日用品或是价格较低的大众品适于用情感诱导的方法。

（二）承诺式广告策略

这是企业为使其产品赢得用户的依赖而在广告中做出某种承诺式保证的广告策略。值得提出的是，承诺式广告的应用在老产品与新产品上的感受状况和信任程度上有所不同。承诺式广告策略的真谛是：所做出的承诺必须确实能够达到。否则，就变成骗人的欺骗广告了。

（三）推荐式广告策略

企业与商品自卖自夸的保证未必一定能说服人。于是，就要采用第三者向消费者强调某商品或某企业的特征的推荐式广告策略，以取得消费者的信赖。所以这种广告策略又可称为证言形式。对于某种商品，专家权威的肯定、科研部门的鉴定、历史资料的印证、科学原理的论证，都是很有力的证言，可以产生"威信效应"，从而导致信任。在许多场合人们产生购买动机，是因为接受了有威信的宣传。

（四）实证广告策略

实证广告策略即表明本企业生产某种产品所拥有的专长和经验，如显示某一药厂以高级人参为原料，通过现代化的生产线制造某种滋补品，或通过提供调查结果或科学证据说明本企业产品符合科学原理，或优于其他同类产品，或通过显示企业的产品得到过某些奖励，或通过权威人士对产品的高度评价来说明本企业产品的优点。

（五）正向劝说和反向劝说策略

正向劝说的方法是一种鼓励的形式，告诉消费者购买或使用某一商品将可以得到的种种好处，赞许消费者的选择是正确的。反向劝说的方法是一种警告，告诉消费者若不购买或不使用某一商品，将可能遇到什么危险，如某些药品广告。但如果劝说得当，所得到的刺激往往更强。如香烟广告："禁止抽烟，皇冠牌也不例外。"反而引起烟民的好奇和对皇冠牌香烟的注意。反向劝说的方式应该慎重把握。往往也采用反向劝说和正向劝说结合的方式。如有一则洗衣机的广告语："既然你买得起洗衣机，为何不买最好的呢？"就采取这样的方式。广告先对消费者的经济地位和购买能力进行赞许肯定，然后激励他应该购买最好的商品，这样劝说，消费者对所传递的信息可能更容易接受一些。

针对以上内容，所选择的互动内容与方式如下。

第一，以"提问"的互动方式让学生回答以下问题：

（1）请举一个情感诱导的广告实例；

（2）请举一个理性诱导的广告实例；

（3）请举一个承诺式广告实例；

（4）请举一个推荐式广告实例；

（5）请举一个实证广告实例。

第二，以"小组讨论"的互动方式让学生讨论以下问题：

（1）情感诱导广告所适用的产品特征、目标消费者特征；

（2）理性诱导广告所适用的产品特征、目标消费者特征；

（3）作为消费者，接收承诺式广告后的心理反应、对产品的期望；

（4）作为消费者，接收推荐式广告后的心理反应、对产品的期望。

第三，以"学生展示"的互动方式让学生准备以下内容。

请每位同学（或每个小组）选择一种广告信息表达策略，设计一句广告词。

□模拟实训

步骤一：选取市场营销专业课部分章节内容作为互动教学内容。

步骤二：在所选讲授内容中找出可以进行课堂互动的部分。

步骤三：根据所确定课堂互动部分的内容设计课堂互动方式。

步骤四：将所设计的课堂互动内容及方式以班级学生为对象进行授课练习。

步骤五：将课堂互动过程记录在"课堂互动记录及评定表"中。

步骤六：通过班级学生的互动表现及意见反馈综合评价课堂互动的效果。

□工具使用

课堂互动记录及评定表

方式及评定　　　具体内容	课堂互动内容（章、节）：			课堂互动时间：		
	双向型（以下需列出具体方式）	多向型（以下需列出具体方式）	网状型（以下需列出具体方式）	参与者姓名（也可按团队列出）	效果评定（可按参与者个人或小组为单位评定）	
					参与意愿（50%）	参与效果（50%）
1						
2						
3						
4						
本次课堂互动效果综合评价						

小组讨论监测表

角色	姓名（序号）	表现评价
领导者		
思路主导者		
遵从者		
调节者		
时间控制者		
记录者		
不参与者		
结果陈述者		

□知识巩固

一、判断题

1. 传统的单项传输的授课方式会使课堂气氛沉闷，不仅会使教师感觉疲惫，也会降低学生的学习热情，影响授课效果。（　　　）

2. 课堂互动是指师生互相交流、共同探讨、互相促进的一种教学组织形式。（　　）
3. 互动过程与互动结果评定可以不具有关联性。（　　）

二、多项选择题

1. 课堂互动的主要形式包括（　　）。
　　A. 单向互动型　　B. 双向互动型　　　　C. 多向互动型　　　　D. 网状互动型
2. 课堂互动的意义表现为（　　）。
　　A. 活跃课堂气氛
　　B. 提高学生的学习积极性
　　C. 有助于学生对所讲知识点的吸收
　　D. 缓解教师的授课压力

三、简答题

1. 考虑所讲授内容和学生的特征，教师在进行课堂互动时，应遵循的具体要求有哪些？
2. 以课堂提问为主要表现形式的双向互动应注意哪些技巧？
3. 以小组讨论为主要表现形式的多项互动要遵循哪些步骤？

任务四　任 务 布 置

□任务导读

　　任务布置是在教学实施过程中的必要环节，是辅助课堂知识讲授、促进学生巩固所学知识、检验学生学习效果和教师教学效果的重要手段。学习任务布置得是否明确、具体、完整，能否引起学生注意、激发学习动机，是决定整个教学活动能否顺利进行，能否取得良好效果的基本前提。教师应了解任务布置的基本要求，并能够根据要求合理进行任务布置，达到对教学过程的有力支撑。

□学习目标

1. 了解任务布置的要求
2. 了解任务布置的类型
3. 掌握任务布置的方法与技巧

□**实施指导**

一、任务布置的含义及意义

任务通常指交派的工作、担负的责任。在这里，任务指教师根据课堂教学要求交派给学生的学习任务。在教学过程中，任务布置一方面可以弥补课堂教学的不充分，由于课堂教学时间有限，教师在有限的时间内只能传授给学生一部分重要知识点，其他延伸内容需要学生在课后继续学习，以便于能更全面地把握知识体系。任务布置另一方面可以督促学生对所学知识进一步巩固和深化，有些在课堂讲授过的内容课后会被遗忘，通过课后作业等任务布置可以使学生对知识进行巩固。另外，课内任务布置也十分必要，一方面是为了讲授内容的前期准备，如案例的简要阅读；另一方面是讲授内容的后续应用，如案例的分析讨论。

二、任务布置的内容及要求

根据任务布置的作用及学生对所布置任务的完成时间，将教学实施过程中的任务布置分为课内任务布置和课外任务布置两部分。

（一）课内任务布置

由于教师在课堂上以讲授和互动式教学为主，任务布置主要是为讲授内容做辅助，课内任务布置的时间和内容应尽量简短。课内任务布置包括以下几种形式。

（1）简要阅读。简要阅读既包括教师在课堂上讲授知识之前或之后要求学生进行的简单阅读，如阅读某章节的导语、阅读某章节的小结、阅读一段预讲授内容的背景知识等，也包括进行练习之前的简单阅读，如阅读案例、阅读分析题等。教师在布置简要阅读任务时应紧密围绕目标，让学生有目的地进行阅读，并严格控制时间，提高学生的阅读效率。为了保证教师在学生阅读后的讲授效果，教师在学生阅读的过程中也应该同步进行阅读。

（2）问题分析与讨论。问题分析与讨论是教师在课堂上针对授课内容要求学生对相关问题进行探究的过程，所分析、讨论的问题既可以是教师在讲授前的引导问题，也可以是讲授过程中涉及的某一问题，或者是单独进行的案例分析与讨论。该项任务需要教师首先明确需要探讨的问题，所选择的问题应与当节课所讲内容有密切联系、难易程度适中、结果具有多样性等可探讨价值。在时间设定上应比简要阅读长，以保证对问题的充分研究。问题分析既可以以个人为单位进行，也可以以小组为单位进行，问题讨论可以以小组为单位等多人进行。教师在该项任务布置后要严格控制时间和进度，在任务完成后要求学生对所得结果进行呈现，并对呈现结果进行点评，同时针对该问题的结论与学生进行思想交流，建立问题结论与所讲授知识点之间的联系。

（3）方案设计。方案设计是在课堂上围绕所讲授内容，教师要求学生进行的简单创造性训练。该项任务主要训练学生对理论知识的应用能力和创造性思维能力。方案设计类任务的完成时间要比问题分析与讨论长，但由于在课堂上完成，所布置的任务要比课外任务简单。例如，为自己的小组设计模拟公司名称、设计一款新产品、设计一句广告词等。在布置方案设计类任务时，教师既要给学生控制范围界限，又要给学生一定的发挥空间。例如，设计模拟公司名称时可给定公司所属的行业类型，设计新产品时可给定产品类型，设计广告词时可给定广告词的信息表达类型。教师在布置方案设计类任务时，对于比较复杂的任务，可以以小组为单位进行。在结果评定时，可以通过按分数定级进行比赛的形式操作。

（二）课外任务布置

课外任务布置是对课堂讲授内容的延伸性学习，在教师的指导要求下，由学生自主完成。课外任务布置包括以下两种形式。

1. 作业

作业是教学的基本方法之一，是反馈、调控教学过程的实践活动，也是在教师的指导下，由学生独立运用和亲自体验知识、技能的教育过程。它不仅可以加深学生对基础知识的理解，而且有助于形成熟练的技能和发展学生的思维能力。针对中等职业学校的教学特点，作业设计与评价要以学生的能力发展为主，让学生在练习与评价中巩固知识、提升技能。

教师在布置作业时应遵循以下要求。

（1）作业内容密切联系课内教学内容。为了保证学生能够通过完成作业加强对课内知识的巩固与检验，所布置的作业内容应密切联系课堂教学内容，可以是课堂教学内容的重复练习，也可以是课堂教学内容的拓展学习。

（2）作业形式与层次多样化。为了激发学生对完成作业的兴趣，作业可以采用灵活多样的形式。作业设计要在激活学生思维、实现"再创造"上下功夫，而不应只是单一、枯燥的文本，而应该是富有色彩、充满情趣的多元复合体。在作业层次方面，由于学生在个性、认知水平、学习能力等方面存在差异，教师要对学生现有知识水平和能力结构进行科学的分析研究，主张量力而行，从减轻学生的学习负担和心理负担着手，致力于调动学生的学习主动性和积极性，激发学生自主参与，设计分层次作业，这也符合因材施教原则，有利于促进学生素质的个性化发展。

（3）作业评价方式要创新发展。作业评价是教师对学生作业完成情况的重要监督手段，而该手段的选择也对学生的作业完成效果产生很大的影响。布鲁纳说："教师必须采取提供学习者最后能自行把矫正机能接过去的那种模式，否则，教学的结果势将造成学生跟着教师转的掌握方式。"传统的作业评价，强调和追求学业成绩的精准化和客观化，忽视了学生的主体性和能动性。例如，仅通过"对""错"符号进行批示，或仅通过分数、等级进行评价。结果导致学生只看重评价结果，对答案不屑一顾，学生处于被动学习状态。因此，教师可以通过开展发展性作业评价改革作业评价方式，通过让学生主动参与评价过程，使评价过程成为促进学生反思、加强评价与教学相结合的过程，成为学生自我认识、自我评价、自我激励、自我调整等自我教育能力不断提高的过程，成为学生与人合作的意识和技能不断增强的过程。

2. 自主学习

自主学习是教师给学生布置的课外学习任务，是结合课堂教学内容的拓展学习内容。该部分内容不同于作业之处在于，自主学习不必完全按教师的要求进行结果提交，学生的自由度比较高。但为了保证学生自主学习的效果，教师仍需要对学生的自主学习进行指导、监督和评价。自主学习既可以是学生个体行为，也可以以小组为单位进行，教师可通过学习报告对学生的自主学习进行监督评价。对于不同的专业或课程，学习报告的基本内容不同。对于市场营销专业来说，自主学习报告的内容可包括以下几个部分，但教师也可以根据实际教学内容对学生的自主学习报告进行删减和调整。

（1）学习任务名称：要求学生对本次自主学习的任务名称进行概括，以标题的形式呈现，要简洁明了。

（2）学习时间：要求学生写清楚自主学习的时间段和时间点，有助于督促学生进行自主学习。

（3）学习地点：要求学生写清楚理论学习或实践学习的地点，保证自主学习的规范性。

（4）学习小组成员：要求学生写清楚参加本次自主学习的成员姓名，如果只有个人学习，写出姓名即可。

（5）学习目的：要求学生写清楚通过本次自主学习要达到什么目标，即为什么要进行本次自主学习。

（6）主要学习内容：要求学生概括写出本次学习的主要内容，可按内容分点列出，也可按不同类型模块列出。

（7）主要参考资料：要求学生列出主要参考资料。

（8）学习成果：要求学生写出通过本次自主学习收获哪些知识点或得出哪些结论。

（9）自我评价：要求学生对本次自主学习的过程和结果进行简要评价，以促进后续自主学习的改进。

除了学习报告外，教师也可以通过要求学生提交小论文等形式对学生的自主学习进行监督评价。

□学习范例

根据以下所讲授知识内容，对任务布置内容进行分析评价。

第一节 产品整体概念（选段）

不同的学科对同一概念的界定和解释是不同的。在经济学里把产品定义为人们为了生存的需要，通过有目的的生产劳动所创造的物质资料。因此，产品不包括非生产劳动获得的实物，也不包括非物质形态的东西。而在市场营销学中，则把产品定义为能提供给市场用于满足需要的任何东西，包括实体商品、服务、经验、事件、人、地点、财产、组织、信息和创意，即所谓产品整体概念。产品概念是从消费者需求的角度做出的界定，重要意义在于可以提供更为丰富的营销策略安排的线索。

一、产品整体概念的内容

企业在向市场提供产品而制定其产品策略时首先应该注意并充分考虑到整体产品包含的五个层次。

（一）核心产品

消费者购买产品一定会寻求一个核心利益，这是购买的理由。企业营销人员经常遇到的困惑是，消费者究竟要买什么？如果仅仅是要买一台轿车，为什么要买宝马而不买奔驰？这说明消费者在购买产品表象的背后，一定还有一个更根本利益要求，其真正想要购买的是这一核心利益的满足。企业在向市场提供产品之前，必须首先弄清楚消费者的核心利益并确定自己是这一利益的提供者。

（二）基础产品

基础产品是核心产品实现的载体，即满足消费者核心利益的具体形式，也是产品的基本形式。例如，实物产品必须有设计、质量水平、特征、品牌、包装及基本功能等，这些构成要素成为在市场中消费者可以识别和判断的基本特征，进而成为其选择或者放弃的基本依据。

（三）期望产品

期望产品是消费者购买产品时所期望和默认的一组属性和条件，代表着前面两个层次产品实现的程度，影响着购买者的心理认同感。企业应当准确把握消费者的购买期望，确认能够提供满足其期望的产品，才有可能取得营销的成功。

（四）附加产品

附加产品是指消费者购买产品时所获得的增加服务和更多利益，附加产品概念的提出，一方面是对消费者需要的深入认识，另一方面是把企业提供的产品与竞争者提供的产品区别开来。

（五）潜在产品

潜在产品是指企业向市场提供的某种产品最终可能会实现的全部附加部分和新转换的部分。潜在产品代表着该产品在未来市场中可能的延伸，企业若能及时发现并了解潜在产品的需求，就有可能起到引领市场的作用。

针对以上内容，所进行的任务布置如下。

一、课内任务布置

（1）要求学生阅读第一段内容，明确市场营销学中界定的产品和经济学中界定的产品的区别。（时间设定：3分钟）

（2）要求每位学生对市场营销学中的产品"实体商品、服务、经验、事件、人、地点、财产、组织、信息和创意"中的任意一个举一个例子。（时间设定：3分钟）

（3）对所讲授的产品整体概念的内容进行分析，区分有形方面与无形方面，以及其各自所侧重满足消费者的哪方面需求。（时间设定：5分钟）

（4）针对产品整体概念中的五个方面，以小组为单位，进行举例。（时间设定：8分钟）

（5）以小组为单位，设计一款产品，指出其整体概念中的五个方面内容。（时间设定：10分钟）

二、课外任务布置

（1）以授课第二天使用的任一种产品为例，指出其整体概念中的五方面内容，以作业的形式提交。

（2）阅读5篇以上产品整体概念的期刊文章，以学习报告的形式提交。

□模拟实训

步骤一：选取市场营销专业课程中的一部分作为任务布置的内容。
步骤二：根据所选内容确定任务布置的方式。
步骤三：以班级学生为对象，进行可行的任务布置练习，并要求学生完成所布置的内容。
步骤四：对学生的任务完成情况进行检查、评价。
步骤五：根据学生的任务完成效果进行本次任务布置的评价。

□工具使用

工具1——学生任务执行情况评价表

布置任务所属内容（章、节）：

模块 ＼ 项目	任务形式	具体内容	对象范围	完成情况	呈现结果	结果评定
课内任务						

续表

布置任务所属内容（章、节）：

模块 \ 项目	任务形式	具体内容	对象范围	完成情况	呈现结果	结果评定
课外任务						

工具 2——学生作业综合评价表

		作业内容：	作业形式：
评价者 \ 评价方式		客观性评价（分数/等级）	主观性评价（评语）
作业完成者			
其他学生评价者			
教师			

□知识巩固

一、多项选择题

1. 根据任务布置的作用及学生对所布置任务的完成时间，将教学实施过程中的任务布置分为（　　）。

　　A. 课内任务布置　　　B. 课外任务布置　　C. 校内任务布置　　D. 校外任务布置

2. 课内任务布置包括（　　）。

　　A. 简要阅读　　　　　B. 问题分析与讨论　C. 方案设计　　　　D. 课后作业

3. 课外任务布置包括（　　）。

　　A. 问题分析与讨论　　B. 方案设计　　　　C. 作业　　　　　　D. 自主学习

二、判断题

1. 只要教学内容在课堂上都能讲完，就没有必要进行任务布置了。（　　）

2. 任务布置是在课堂讲授内容的基础上进行课后延伸学习的补充，在课堂上无须进行任务布置。（　　）

项目三

教学评价

教学评价是在教学实施过程完成后，对教师的教学效果和学生的学习效果进行的评价，评价一方面是为了检验教学质量，另一方面是为了促进后续教学过程的改进。教师对教学评价的认识和实施将直接影响教学评价对教学过程的促进作用。本项目由"认识教学评价"、"设计与实施教学评价方案"和"教学反思"三部分任务组成。

任务一　认识教学评价

□任务导读

教学评价是教学过程监督与保证、教学效果衡量与促进的重要手段，对教学评价的认识和实施直接影响着教学评价效果，间接影响着教学质量。对于一位新教师来说，要想准确实施教学评价，首先必须认识教学评价，包括对教学评价基本内涵、目的、原则与必要性的认识。

□学习目标

1. 了解教学评价的基本内涵
2. 了解教学评价的目的
3. 掌握教学评价的基本原则
4. 理解教学评价的必要性

□实施指导

一、教学评价的概念界定

教学评价是依据教学目标对教学过程及结果进行价值判断并为教学决策服务的活动，是对教学活动现实的或潜在的价值做出判断的过程。教学评价是研究教师的教和学生的学的价值的过程。教学评价一般包括对教学过程中教师、学生、教学内容、教学方法手段、教学环境、教学管理诸因素的评价，但主要是对学生学习效果的评价和教师教学工作过程的评价。教学评价的两个核心环节：对教师教学工作（教学设计、组织、实施等）的评价——教师教学评估（课堂、课外）、对学生学习效果的评价。 在这里我们将教学评价界定为教师对教学和学生学业的评价。

二、教学评价的目的

通过教学评价，教师了解和促进学生学习能力提高，从而更有能力帮助学生本人成为学习效果更佳、有自我评价和支配能力的学习者。简单地说，教学评价的中心目的是帮助师生提高学习的质量。

三、教学评价的作用

教学评价是教学活动不可缺少的一个基本环节，它在教学过程中发挥着多方面作用，从整体上调节、控制着教学活动的进行，保证教学活动向预定目标前进并最终达到该目标。具体看来，教学评价的作用主要表现在以下几方面。

（一）检验教学效果

测量并判定教学效果是教学评价最重要的一项职能。教师的教学水平如何，学生是否掌握了预定的知识、技能，教学目标、教学任务是否得以实现，都必须通过教学评价加以验证。而检验和判定教学效果，是了解教学状况，提高教学质量的必由之路。

（二）诊断教学问题

诊断是教学评价的又一重要功能。通过教学评价，教师可以了解自己的教学目标确定得是否合理，教学方法、手段运用是否得当，教学的重点、难点是否讲清，也可以了解学生学习的状况和存在的问题，发现造成学生学习困难的原因，从而调整教学策略，改进教学措施，有针对性地解决教学中存在的各种问题。

（三）提供反馈信息

实践表明，教学评价的结果不仅为教师判定教学状况提供了大量反馈信息，而且为学生了解自己的学习情况提供了直接的反馈信息。通过教学评价的结果，学生可以清楚地了解自己学习的好坏优劣。一般来说，肯定的评价可以进一步激发学生的学习积极性，提高学习兴趣。否定的评价往往会使学生看到自己的差距，找到错误及其"症结"之所在，以便在教师帮助下"对症下药"，及时矫正。另外，有关研究发现，否定的评价常会引起学生的焦虑，而适度的焦虑和紧张可以成为推进学生学习的动因。当然，教学评价提供给学生的否定反馈信息要适度，以免引起过度紧张和焦虑，给学生的身心发展和学习造成不良后果。

（四）引导教学方向

教学评价的导向作用在实践中是显而易见的。学生学习的方向、学习的重点及学习时间的分配，常常要受评价内容和评价标准的影响。教师教学目标、教学重点的确定也要受到评价的制约。如果教学评价的标准和内容能全面反映教学计划和大纲的要求，能体现学生全面发展的方向，那么，教学评价所发挥的导向作用就是积极的、有益的，否则，就有可能使教学偏离正确方向。这一点需要引起教学评价工作者的高度重视。

（五）调控教学进程

对教学活动基本进程的调控是教学评价多种功能和作用的综合表现，它建立在对教学效果的验证、教学问题的诊断和多种反馈信息的获得等基础上，具体表现为对教学方向、目标的调整，教学速度、节奏的改变，教学方法、策略的更换，以及教学内容、教学环境的调整，等等。实际上，客观地判定教学的效果，合理地调节、控制教学过程，使之向着预定的教学目标前进，也正是教学评价追求的基本目的。

四、教学评价的必要性

教学评价是教学活动不可缺少的一个基本环节，它在教学过程中发挥着多方面作用，检验教学效果、诊断教学问题、提供反馈信息、引导教学方向、调控教学进程等，因此，教学评价有着重要的意义，总体上可以总结为以下几方面。

（一）教学评价是提高教育教学质量的重要保证

教学评价有着激励作用，激励着教师、学生发展，促进教学；教学评价有着引导教学的作用，引导着教学的方向，确保教学有明确的目标；教学评价能提供反馈信息，调控教学，检测教学效果，在教学过程中进行教学评价和监视，保证着教学的质量；教学评价可以检验教学效果，有效地评价教学，促进教学的发展。总之，教学评价是提高教育教学质量的重要保证。

（二）教学评价是完善教学系统的重要环节

教学系统(instructional system)是教育系统的子系统，是指为了实现某种教学目的，由各教学要素有机结合而成的具有一定教学功能的整体。教学评价是教学系统的一个重要的要素，是教学系统中不可或缺的重要环节，是完善教学系统的重要因素。

（三）教学评价是推动教学不断增值的重要手段

在教学评价的目的中，我们已经看到教学评价在教学中起着举足轻重的作用，激励教学，促进教学发展，提高教学质量，是教学增值的重要手段和途径。

五、教学评价的基本原则

（一）客观性原则

客观性原则是指在进行教学评价时，从测量的标准和方法到评价者所持有的态度，特别是最终的评价结果，都应该符合客观实际，不能主观臆断或参入个人情感。因为教学评价的目的在于给学生的学和教师的教以客观的价值判断，如果缺乏客观性就失去了意义，因此而导致教学决策的错误。

（二）真实性原则

真实性原则指的是对于课堂教学评价，特别是对学生学习结果的评价，强调在真实生活情境下对学生的发展进行评价，在真实性评价中应该包括真实性任务，即某一具体领域中学生可能遇到的那些真实的生活活动、表现或挑战。

（三）整体性原则

整体性原则也称多维性原则，是指在进行教学评价时，要对组成教学活动的各方面进行多角度、全方位的评价，而不能以点代面，一概而论。由于教学系统的复杂性和教学任务的多样化，教学质量往往从不同的侧面反映出来，表现为一个由多因素组成的综合体。因此，为了反映真实的教学效果，必须把定性评价和定量评价综合起来，使其相互参照，以求全面准确地判断评价客体的实际效果，但同时要把握主次，区分轻重，抓住主要的矛盾，找出决定教学质量的主导因素。

具体而言，整体性原则主要体现在以下三个方面。

首先，评价内容的多维性，即在评价中应该考虑到课堂教学的各个方面，包括课堂教学的过程、教师的教学能力及水平、课堂教学要素、课堂教学结果、学生的参与度等各个方面。但这并不是说，每次课堂教学都必须要完整地对所有的因素进行评价，或者所有的因素在每次评价中所占的权重都是一样的，而是需要根据评价的目的有侧重地进行选择。在选择过程中，既要考虑到评价的目的，也要考虑到课堂教学评价的一般要求，同时还要考虑到当前教学评价发展的理论前沿。

其次，评价主体的多维性。在以往的课堂教学评价中，评价主体往往是研究者和教育管理者，缺少课堂教学内主体的充分参与。而评价主体的多维性要求评价主体既有课堂教学之外的人员，如研究者和教育管理者，也有课堂教学内的被评教师或学生，同时还可以考虑同事或同伴在评价过程中的参与，改变原来单纯以他评为主的方式，重视自评和互评。

最后，评价方法的多维性。传统的课堂教学评价多以量表或者纸笔测验为主，这种评价方法的主要优点在于其编制过程的科学性，它在评价过程中能够尽可能地保证评价的公正性，但是其弊端也是非常明显的，如评价的内容与真实的生活内容脱节，不太适合于情感、态度、价值观的评价等。评价方法的多维性要求课堂教学评价中改变单纯以纸笔测验为主的方式，更多地采取观察、成长记录袋、真实性评价等方法进行多方面的评价，既要重视客观、量化的评价方法，也要重视量化和质性评价相结合的方法，以质性评价统整量化评价。因为量化的评价把复杂而又丰富多彩的课堂教学过程简单化、格式化了，而质性评价却更关注复杂而丰富的课堂教学过程，强调教学过程的完整及其间真实的表现。

（四）指导性原则

指导性原则是指在进行教学评价时，不能就事论事，而是要把评价和指导结合起来，要对评价的结果进行认真分析，从不同的角度找出因果关系，确认产生的原因，并通过及时的、具体的启发性的信息反馈，使被评价者明确今后的努力方向。

（五）发展性原则

发展性原则指的是课堂教学评价着眼于促进学生发展，侧重于观察和衡量学生的表现，着眼于促进教师教学水平的不断提高，激励教师转变观念，进行课堂教学的改革。

对于课堂教学评价，尽管不排除其检查、选拔和甄别的作用，但其基本目的在于促进学生发展、提高和改进课堂教学实践，在于反馈调节、展示激励、反思总结、积极导向等基本功能。因此，课堂教学评价应该坚持发展性评价原则，即以发展的眼光来客观评价主体的变化，重视对课堂教学过程的评价，强调评价内容多元化、评价过程动态化及评价主体间的互动等，以实现评价的最大收益，达到促进发展和改进的目的。

（六）科学性原则

这条原则是指在进行教学评价时，要从教与学相统一的角度出发，以教学目标体系为依据，确定合理的统一的评价标准，认真编制、预试、修订评价工具；在此基础上，使用先进的测量手段和统计方法，依据科学的评价程序和方法，对获得的各种数据进行严格的处理，而不是依靠经验和直觉进行主观判断。

□学习范例

关于市场营销学教学评价的反思

一、市场营销学的教学现状

市场营销学是一门建立在经济科学、行为科学和现代管理理论基础之上的综合性应用科学,是一门理论性与实践性、系统性与实用性相结合的科学与艺术。市场营销学是工商管理、市场营销、会计等专业的必修课,对于保证专业人才培养规格具有十分重要的地位和作用。随着市场经济体制的不断完善、市场竞争日趋激烈残酷,市场营销行为日益复杂,营销教学渐渐滞后于现实的要求,暴露出诸多问题,主要体现在以下几个方面:第一,教学中理论与实践脱节现象比较突出;第二,教学方法虽然日趋多样化,但是大多流于形式,教学效果不理想;第三,考核的内容和方式上存在较大的不足;第四,实施市场营销教学的物质条件不足。

如何改革和创新市场营销教学,面向未来,已成为营销学界十分关心的话题,许多学者都对市场营销学的教学进行了反思、探索、创新。有侧重于市场营销培养目标的反思与探索;有侧重于市场营销学本土化的研究;有侧重于市场营销学教学方法的创新,这类研究比较多,有案例教学法、分层次教学法、专业模块教学法、体验式教学法、项目教学法、游戏教学法等;也有对市场营销教学评价的探索。

二、市场营销学的教学评价改革的必要性

教育是培养人的一种社会活动。有了教育,人类的文明才得以传承,人类社会才能不断进步。随着科技日新月异的发展,社会不断进步,迎来了国际化、信息化的知识经济的时代。在新的时代要求下,如何在继承传统文化的同时融入世界多元文化中,为了培养出符合时代要求的创新人才,我国的教育正经历着一轮又一轮的改革。教育目的的改革、教育内容的改革、教育方法与手段的改革、教育理念的改革……这些改革的成效一般体现在评价标准上面。教学评价是衡量教学活动开展得如何的标准。市场营销学作为一门实践性很强的学科,营销环境的不断变化,营销内容的不断拓展和分化,使得培养有创新意识,有良好的职业素质,熟知国内的市场环境的现实状况和发展趋势,具备从事营销活动的四种能力,即调查研究能力、决策能力、应变能力和开拓能力,能胜任多种岗位的综合性营销人才成为必然的趋势。这就要求市场营销的教学以培养学生的创新能力和实践能力为目标,改变当前高等教育中重理论轻实践、重卷面考试轻素质考核的现状,转变教育观念,更新教学思路,着力高素质创新型人才的培养,加快发展,尽量缩短与国际的差距迫在眉睫。

三、对于市场营销学传统教学评价的反思

评价作为一种活动,在人们的生活中无处不在。用哲学价值论的观点来看,评价是一个"价值判断的过程"。在我们的教学工作中也有评价,用来为我们的教学工作提供一个依据和标准,衡量教学工作开展的成效如何等。

　　时代在不断进步，教学评价也在不断地发展完善。然而尽管如此，市场营销学还是和其他学科一样受到传统的评价体系的影响，存在着很多与新的时代要求、新的教育理念的要求相背离的不足。

　　第一，学生作为学习的主体，参与教学评价主体地位缺失。

　　教育是一个师生互动的活动，应包含教师的"教"和学生的"学"两部分。在教育活动中，学生为主体，教师为主导。由于我国的教学评价体系基本上是 20 世纪 50 年代初在苏联教学理论的影响下建立起来的，所以对教育教学中"学生的主体性"重视不够，过分强调教师作用的发挥，忽视学生主体性的发展。教学评价是为了更好地促进学生的成长和发展，学生是教育、教学活动的主体，教学评价应该以学生的成长和发展为出发点、尊重学生为基本前提，使评价成为学生认识自我、发展自我、激励自我的一种手段。但是在当前的现实的教育、教学中，往往还是教师通过一系列的方式来评价学生，学生成为被动接受评价的客体，而不是参与评价的主体。学生参与教学评价的主体地位的缺失，使得教师和学生不能在平等的水平上交流意见和讨论学术问题，产生对教师的盲从和迷信，抹杀了学生的创新意识、创新思维、创新能力的发展。

　　第二，教学评价强调甄别与选拔的功能，忽视了改进与激励的功能。

　　从我国的科举考试到现如今的中考、高考、国家公务员考试、国家司法考试……考试成为教学评价的主要形式，通过这一评价方式来甄别学生、人才的优劣，选拔出更优秀的学生和人才。现在的教学评价目的往往带着很强的功利性色彩。一方面，评价是为了考核教师。长期以来，教学评价在行政人事的管理取向下，被用于对教师的考核评比，其结果直接与教师的奖惩晋升挂钩。另一方面，评价是为了甄选学生。1981年布卢姆（B. S. Bloom）说过："许多世纪以来，世界各地的教育强调了一种选拔功能，教育与行政人员的许多经历都用于确定在教育计划的每个重要阶段应淘汰的学生。"通过考试将学生分为三六九等，择优录取，使得学生与学生之间打上了不一样的标签，评价成为控制学生的一种枷锁。

　　第三，教学评价关注学生学习的结果，忽视学生的学习过程。

　　教学评价分为形成性评价和总结性评价。形成性评价一般不以区分评价对象的优劣为目的，不重视对评价对象进行分等和鉴定，而强调对评价对象的改进。总结性评价则是在教育活动发生之后对教育活动效果的判断，它常常与分等、鉴定和考核有关。我国由于受泰勒目标导向模式的影响较大，再加上形成性评价在实践中的一些具体困难，形成了重总结性目的轻形成性目的的倾向，从而只关注学生学习的结果，忽视学生的学习过程。

　　第四，教学评价的内容和方法单一，忽视学生的综合素养和能力的培养。

　　长期以来，由于受到片面教育质量观的影响及短期利益的驱动，传统教育评价片面强调学生对书本知识的掌握与理解，评价内容以考试成绩为主，过分强调经典知识，脱离社会现实，对学生的创新能力、人际交往能力和人格发展等综合素质缺乏引导和评价，无形中束缚了学生的全面发展。

四、市场营销中的"两环节多角度多因素"教学评价体系

近年来，我国的教学改革如火如荼地开展着，改革的基本趋势是：在教学过程中教师为主导，学生为主体；教学工作要关注学生发展、强调教师成长；兼顾传授知识和培养能力，注重培养学生的独立性和自主性；尊重学生人格、关注个体差异，满足不同学生的学习需要，促进每个学生都能全面充分地发展。

教学评价是衡量教学活动开展得如何的标准。教学改革无论多大刀阔斧，教学方法无论多科学，只要用来衡量教学效果的教学评价没有改变，就无法真实地反映出教学改革的成效。为了适应新时期的要求、提高市场营销学的教学质量、促进学生全面发展、培养创新型人才，我们需要一个新的评价体系，许多学者都致力于新的教学评价体系的探索。本文提出了一种新的评价体系——"两环节多角度多因素"教学评价体系，并在教学实践中进行探索。

"两环节评价"是指把教学评价分为两个环节来进行，分别是"学习过程评价"和"学习效果评价"。这种评价就弥补了以往评价中只看重结果而不注重过程的不足，使学生不再为了考试分数而学习，可以充分地体会到求知的快乐。

"多角度评价"是老师评价、学生互相评价、学生自我评价相结合。这样的评价方式可以充分体现学生参与教学评价的主体地位，促进学生通过评价更好地认识自我、发展自我、激励自我。

"多因素评价"是指理论考试、实践操作、学习主动性、学习参与程度、学习过程中的交往与沟通、反思能力、创新能力等互为补足。多因素评价可以考量学生的全面发展情况，鼓励学生不断发展完善自己，这样的评价结果呈现的是一个活生生的、真实的、全面的学生个体，而不再是考试卷子上的姓名和成绩。

"两环节多角度多因素"评价体系并不是凭空想象的，它建立在科学的理论基础之上。"两环节多角度多因素"评价体系的主要理论依据是多元智能理论和建构主义学习理论。多元智能理论是美国哈佛大学教授、发展心理学家加德纳在20世纪90年代提出来的。他认为，人的智能由七种紧密关联但又相互独立的智能组成，它们是言语——语言智能、音乐——节奏智能、逻辑——数理智能、视觉——空间智能、身体——动觉智能、自知——自省智能、交往——交流智能。各种智能只有领域的不同，而没有优劣之分或轻重之别。我们要平等地去看待每一位学生，从不同视角发掘学生的闪光点，促进每一位学生的发展。因此，对学生的评价应该是多方面的、整体的、全面的。建构主义学习理论使得我们在评价的过程中不再拘泥于纸笔测验的分数，而给出了一个新的方向："评价的目的不是为了证明……而是为了改进……"。我们要打破过去只看结果、不看过程的评价模式。应引导学生积极、主动地参与学习，充分发挥学生的主动性；应使教师与学生之间、学生与学生之间保持有效的互动过程；教学必须关注教师的成长和学生对自己及他人的学习反思。

"两环节多角度多因素"评价体系具体的操作如下：首先，我们把教学评价分为

两个环节，即学习过程评价和学习效果评价。评价以百分制计算，两个环节的评价各占 50%。其次，依据学习过程中的各种因素制定出"学习过程评价表"。根据学习效果的各种表现形式制定出"学习效果评价表"。分别派发给学生自己、合作学习中小组成员、授课教师，从三个角度给予评价。评价表按百分制计算，这三个角度的评价权重在评价表中的分配情况是这样的：学生自我评价占评价表的 20%，授课教师评价占 40%，学生间的互相评价占 40%。最后，三个角度都做出评价之后，依据权重分别算出某一学生的"学习过程"和"学习效果"的成绩，再按各占 50%的权重算出总成绩。值得注意的是我们虽然采用的是很常见的百分制来衡量，但是给分的因素是不一样的。另外，在总成绩算出来之后，如果觉得该学生还有一些方面是量表无法表现的，可以在备注栏上用文字叙述，给出一个补充的评价。

"两环节多角度多因素"这一评价体系中的"两环节评价"势必把学生的注意力从"重结果轻过程"的功利色彩上拉回来。"多角度评价"中的"自我评价"可以使学生的主体意识增强，凸显学生在学习活动中的主体地位；"多角度评价"中的"学生互相评价"可以看出学生在学习过程中的沟通和交往能力，这也是对现代人才的一个必要要求。"多角度评价"中的"老师评价"这个与传统的评价体系相一致。总之，新的时代呼唤新的人才，新的人才培养需要新的教学模式，新的教学模式需要新的教学评价体系，相信在我们坚持不懈、不断创新的探索路上一定会有更科学、全面、与时俱进的教学评价体系。

资料来源：曾蕾. 关于市场营销学教学评价的反思. 科技信息，2012，（24）：123-124

□模拟实训

步骤一：用思维导图描绘出教学评价的入门知识，包括教学评价的概念界定、教学评价目的、特点、必要性、基本假设等。

步骤二：在步骤一的基础上给同学们公开讲解你对教学评价的理解（或者录制一节关于教学评价的微课分享给大家）。

□工具使用

思维导图——又叫心智图，是表达发散性思维的有效的图形思维工具，它运用图文并重的技巧，把各级主题的关系用相互隶属与相关的层级图表现出来，把主题关键词与图像、颜色等建立记忆链接。

基本软件——MindManager。MindManager 是一个创造、管理和交流思想的通用标准，其可视化的绘图软件有着直观、友好的用户界面和丰富的功能，将帮助我们有序地组织思维、资源和项目进程。

利用 MindManager 绘制的思维导图示例：

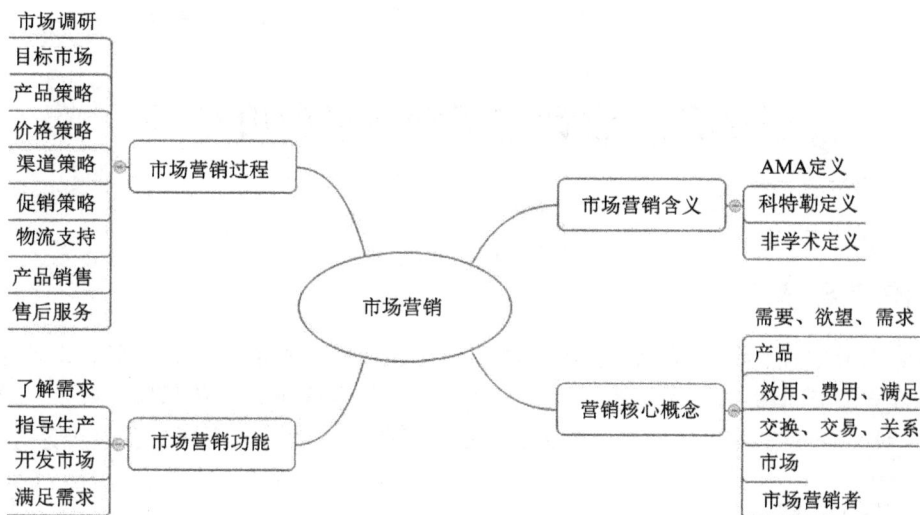

市场营销过程
- 市场调研
- 目标市场
- 产品策略
- 价格策略
- 渠道策略
- 促销策略
- 物流支持
- 产品销售
- 售后服务

市场营销功能
- 了解需求
- 指导生产
- 开发市场
- 满足需求

市场营销

市场营销含义
- AMA定义
- 科特勒定义
- 非学术定义

营销核心概念
- 需要、欲望、需求
- 产品
- 效用、费用、满足
- 交换、交易、关系
- 市场
- 市场营销者

AMA: American Marketing Association，美国市场营销协会

□知识巩固

一、单项选择题

1. 教学评价的基本目的是（　　　）。
   A. 对学生进行分类　　　　　　　B. 对教师进行分类
   C. 方便对学生的管理　　　　　　D. 提高教学和学习效果
2. 教学不能主观臆断或参入个人情感，是（　　　）原则的要求。
   A. 客观性原则　　　　B. 真实性原则　　　C. 指导性原则　　　　D. 发展性原则
3. 教学评价提倡多维度，主要是遵循（　　　）。
   A. 客观性原则　　　　　B. 真实性原则　　　C. 整体性原则　　　　D. 发展性原则

二、多项选择题

1. 教学评价的两个核心环节是（　　　）。
   A. 对教师教学工作的评价　　　B. 对学生学习效果的评价
   C. 对教学管理的评价　　　　　D. 对教学过程的评价
2. 教学评价的作用有（　　　）。
   A. 检验教学效果　　　　　　　B. 诊断教学问题
   C. 提供反馈信息　　　　　　　D. 引导教学方向

三、判断题

1. 教学评价是研究教师的教和学生的学的价值的过程。（　　　）
2. 考试是教学评价，教学评价就是考试。（　　　）
3. 考试的目的是检验教学效果，教师要根据测试结果及时调整教学安排。（　　　）
4. 课堂教学评价应排除其检查、选拔和甄别的作用。（　　　）

任务二　设计与实施教学评价方案

□任务导读

在认识教学评价的基础上，教师应学习如何设计并实施教学评价方案，设计合理的教学评价方案是有效实施该方案的前提，也是实现教学评价效果的保障。对于一位新教师来说，设计评价方案是有一定难度的，需要教师在教学过程中不断反复地研究与实践。

□学习目标

1. 掌握教学评价的基本程序
2. 了解教学评价方案设计的内容
3. 掌握评价学生对知识掌握程度的方法
4. 掌握评价学生对技能掌握程度的方法
5. 掌握评价学生素质的方法

□实施指导

教学评价与一门课程完全结合起来之后，连续评价就成为教师总体教学计划的一部分。在这样的课程里，评价成为教学大纲组成的重要部分，我们把同课程教学大纲完美结合起来，经过精心设计的教学评价使用过程称为教学评价项目。教学评价项目有三个主要阶段，每一个阶段又包括不同的步骤，构成了教学评价项目的基本程序。

一、教学评价的基本程序

（一）设计教学评价方案

教学评价项目需要教师从确立和阐明教学目标开始，如果没有清晰的目标就很难进行有意义的评价。从教学目标入手让教师可以认真检查一下自己认为最重要的教学内容是什么、自己真正希望学生学到的又是什么。教学目标原本是职业教师应该定期重新考虑的因素，但实际上很少有教师公开讨论过自己的教学目标。这并不是说多数教师没有教学目标，许多教师肯定是有教学目标的，只是他们很难说清楚某几节课的具体教学目标是什么。教师需要从宽泛的教学目标中确定具体的、可评价的问题，使之成为教学评价的出发点。

1. 选择教学班级和课程

最初实施教学评价项目时，每学期最好针对一门课程、一个班级，选择一个你刚刚交过且很快会再教的班级，这个班级的总体情况必须良好，同时你愿意并且有能力对其进行试验的班级。初次开展教学评价项目的教师存在的一个典型问题是构想过大，一开始就想在多门课程或者全部课程实施评价，操作起来肯定过于复杂，难以应付。因此，建议教师从某一门课程的某一教学目标或者问题开始设计教学评价项目。以下几个问题也许可以帮助你做出选择：

（1）你以前教这门课吗？

（2）你接下来很快还会教这门课吗？

（3）总体上你觉得这门课的教学情况正常吗？

（4）这门课程是否有某几个具体的方面是你想改进的？

（5）你是否有时间、精力和机会开展这门课的评价活动并采取恰当的后续措施？

这五个问题的答案只要有一个是否定的，该门课程可能就不是初次实施教学评价项目的理想对象。如果是这样，则要把这些问题用到另一个班级，看看这门课程在那个班级是否更适合开展评价项目。

2. 集中关注一个可评价的教学目标或者问题

只确定一个教学目标或者一个关于学生学习方面的问题，是教师开始教学评价项目的"入口"。做什么事情都不可能一步到位，都需要一个由易到难、由简到繁的过程。最初的单一的教学目标或者问题应当是通过一个有限的项目可以进行评价的。

3. 设计教学评价方案（项目）

对于任何课程来说，教学评价方案设计都是比较困难的。职业教育的教学评价是根据职业教育人才培养目标和标准，对学生掌握的专业知识、岗位技能和职业素质进行客观的、科学的评价，它涉及评价内容、评价载体、评价方式、评价主体和评价工具等几个主要方面。

1）评价内容综合化

国外先进的职业教育从 20 世纪 70 年代开始就出现了评价内容多元趋势。这种趋势的出现，一方面由于西方教育评价理论的发展，教育家批评把评价功能锁定在学生学习效果的狭隘教学评价观，主张评价不仅关注学生的学习效果，还应关注学生的心灵，关注在情感、动机、信念、价值观、生活态度等非智力方面的发展。另一方面，由于对职业教育培养目标认识的深化，西方职业教育界普遍提出了通用职业能力的概念，把自我管理、团队合作、与人交往、吃苦耐劳、评判创新等现代职业人综合素质的培养作为职业教育目标的重要方面，并列为教学评价的重要内容。

对"市场营销学"课程的教学评价来说，建立对"知识、技能、素质"的"三位一体"教学综合评价，是实现营销职业教育目标的重要手段。

（1）专业知识评价。营销职业教育首先要求学生掌握专业必备的理论知识，因为专业知识是岗位技能的基础，技能训练需要专业知识指导。但是知识评价必须强调"必需、够用"，同时把知识和技能的评价有机结合起来，可以不单独评价专业知识，而是在技能评价中看专业知识的具体应用效果。根据营销岗位技能要求，学生需要掌握"营销重要作用""市场调研""目标市场和定位""产品策略""价格策略""分销策略""促销策略"等理论的基本概念和原理。

（2）岗位技能评价。岗位技能评价是职业教育教学评价的重点内容，要求学生掌握必备的岗位技能，是职业教育的基本要求。技能评价应该强调根据职业岗位要求，对最基础、核心的技能进行评价。"市场营销学"岗位技能评价分为基础技能与综合技能两类。

（3）职业素质评价。职业素质是职业教育教学评价的重要组成部分。素质培养是教育的本质和根本，素质培养对职业院校的学生尤为必要。我们可以把职业素质称为"通用能力"。"市场营销学"课程评价要求对学生在课程教学中所表现的自主管理、学习发展、团队合作、交流表达、评判创新、信息技术应用、刻苦耐挫、应急应变等综合素质进行评价。

市场营销"三位一体"综合评价，突破单一知识性评价指标，注重学生专业知识的实际应用、岗位技能的掌握、综合素质的提高。通过综合评价可以检验学生是否真正理解基本概念、原理和方法，能够将所学知识应用于营销实践中，可以检验学生是否具备岗位所需要的综合素质；可以引导、激励学生全面学习，努力攀登。

2）评价载体多样化

职业能力的培养应是"学生为中心""注重实践"的教学过程。职业能力是在实践中训练出来的。能力的训练需要"载体"，这种载体也必然是课程教学评价的"载体"。英国职业教育 BTEC[①]课程重视对学生课业训练，把课业作为职业教育实践教学的关键环节。因为课业对职业能力培养的作用巨大，实践课业是把专业知识转化为岗位技能的一种载体。学生在课业训练过程中，需要面对各种困难，自主解决各种问题，需要运用专业知识，独立分析判断，需要团队合作共同努力。

"市场营销学"评价采用试卷或者电子试卷，在各个教学单元及时、多次评价学生对基本知识掌握情况，更突出的通过实践课业训练进行能力评价。理论知识要通关、基本技能要过关，从而使教学评价突破成绩评定作用，更突出地显示其教育作用。

3）评价方式过程化

职业教育尤其是高等职业教育教学应该采用何种方式评价？目前我国高职人为地把教学分为理论教学环节和实践教学环节两大部分，其中实践性教学又分为校内实习实训和校外实习实训，无论是理论课程或者是实践课程的教学评价多沿用传统的学期中或者结束时组织纸笔测验、考试、指导老师打分等方式，这种教学过程中、结束后的评价方式，是一种事后的评价，是一种目标取向的评价思路，可以规定统一的评价标准，容易保持评价的客观性和公正性,即评价的功能主要是测量学生知晓什么，而不是能做什么，所测量的内容是被肢解的知识片段，难以评价学生的实践

---

① BTEC：Business & Technology Education Council，英国商业与技术教育委员会。

能力，更难以评价学生在学习过程中的情感、心智、价值观等综合职业素质方面的发展情况。对学习结果所做的事后评价也不能作为学习的及时反馈激励学生的学习和改进学习的效果。

在评价方式上，把评价过程与教学过程紧密地结合起来，改变那种只顾结果不顾过程，只顾目的不顾手段的评价思路，市场营销教育主张把评价融入教学过程当中，积极倡导动态过程评价，关注学生在学习专业技能和养成职业素质过程中采用的方法和途径，关注学生在学习活动中的经历和体验。这种动态的过程评价方式在不少职业教育发达国家的职业教育实践模式中都有体现。如英国的 BTEC 证书教育，其课程的教学过程就是学生完成实践课业的过程，对学生的课业成绩的考核，不是学期末或者学期中进行一两次考试，而是综合一系列的课程成绩的结果。

评价过程与教学过程相统一的评价方式，使对学生实践能力的全面评价成为可能。这种评价方式不仅评价学生掌握和应用知识能力，评价学生实际操作技能的正确度和熟练程度，而且评价学生在学习、实践过程中采用了何种方法，如何发挥团队合作精神，怎样锻炼吃苦耐劳、忍受挫折的意志等通用职业能力的发展，对全面落实职业教育的培养目标具有重要的意义。

4）评价工具科学化

用什么工具评价是教学评价的另一个重要问题。评价内容的综合性和评价方式的过程性决定了评价工具的选择上既要对学生课业成果进行量化评价，还要利用描述性的、展示性的评价手段对学生的学习过程进行"质性评价"。如英国的 BTEC 的教学评价，要求教师根据教学大纲把课程目标分解到课业，课业设计应包括详细的评价标准及各项能力指标在课业总分中所占的比例。教师对课业的评价意见除了给出分数外，还要写描述性的评语，指出课业的优点和不足。

从评价的工具的角度看，职业教育教学评价改革面临两方面的任务：一个是需要更加广泛地运用量化评价工具，把职业能力培养目标分解到课程的各个教学环节，建立可测量的能力评价指标体系；另一个是引入"质性评价"工具，创造质性评价的具体形式，在总体量化评价的基础上，使"质性评价"成为量化评价的一个有机组成部分。

"量质结合评价"能够全面、客观地对学生的学习成果和表现进行评价，使能力评价真正得以落实；能够帮助学生总结自己的学习，看到优点与不足，进而改进学习、提升学习效果；能够把教师主观评分转化为客观评分，使评价趋于公平；能够把量化指标作为学生学习、训练的具体标准；能够方便教师和学生评估考核操作。

5）评价主体多元化

传统的课程教学评价中，教师几乎是唯一的评价者，学生作为被评价的对象，处于被动的地位。在国外先进的职业教育改革过程中企业和社会参与评价的多元主体评价经验值得我们借鉴和学习。如德国职业教育，采用"双元制"，其实验、实训、设计课程都是在企业完成，学生在其实践实训任务完成后，企业指导人员将为学生出具一份实践训练鉴定。在学生完成实践课业的过程中，企业教师是学生的第一指导老师，学校教师是学生的第二指导老师。

与企业和社会参与评价并驾齐驱的另一个改革动向是在课程教学评价中，让学生成为评价的主体之一。如英国的 BTEC 的教学评价中，学生是主动的自我评价者，具体表现在：学习目标和评价标准写入教学大纲，教师授课计划、课业方案都事先发给学生，学生自己掌握评价尺度；学习过程中学生对自己的课业要自评，对集体课业要参与互评；学生需要对教师和其他评估员的评价提出认同或者不认同的反馈，并提出理由，教师和评估员有义务对反馈意见做出解释；当学生自我评价与教师评价意见不一致时，学生可以提出申诉，获得合理、公正的解决。

"多元主体评价"强调评价主体不仅包括学校内部的老师，学校外部的企业、社会，还包括学生自己。多元评价主体有利于提供多角度、多层面的评价信息，尤其是来自企业和社会的评价，不仅使对学生的能力评价更真实、科学，而且能够帮助学校和教师利用评价结果及时发现教学中的问题，调整教学内容和方法，使教学更加贴近企业和社会需求。

学生参与教学评价能够增强学生主体意识；锻炼学生的评价能力、自信心；能够引导学生自我总结、增强责任意识。学生在自我评价和参与评价的过程中可以更准确地把握学习目标，了解自己的差距，学习别人的经验，吸取别人的教训，发挥学习主动性和积极性，从而提升学习效果。

学生参与教学评价，有利于从根本上克服传统考试方式下的师生对立、轻视能力，为应付考试而学习，考试作弊屡禁不止等弊端。其更广泛的意义在于，它重新思考学生作为被评价者在教学评价活动中的主体地位。学生由单纯的评价客体转化为评价主体，评价主体和客体合二为一，使教学评价过程成为教师和学生之间的平等相互交流过程，成为教育过程的一个阶段和方式，教师在评价过程中是评价者也是倾听者。

（二）实施教学评价

1. 将教学评价与教学活动融合

所设计的评价方案应尽可能地融入常规教学活动之中。教学评价的改革一般都要伴随着教学方法的改革，教学评价改革会倒逼教师进行教学方法的改革。理想的教学评价都可以天衣无缝地融入学习活动过程中，如果评价活动干扰了课程学习进程，就会降低反馈的价值，实际上会妨碍学习。

2. 通过搜集反馈意见来评价学生的学习

选择一项简单的评价技巧，向学生正面介绍该技巧并详细说明。如果学生评价的回应会给其自身带来真实或者预想的风险，则要确保匿名进行。

具体的评价工具可以多样化，从简单的列举或者一句话总结，到包含选择、量级或者开放问题等题型的问卷都可以作为评价工具。为避免数据过多而没有时间分析，开始时可以采用一项简单的技巧，直觉判断一下采用一两个问题可以搜集到多少信息。之后如有必要，可以将简短的技巧扩展为更长、更复杂的技巧。

例如，一位英语教师首次开展课堂评价时，决定就大学作文课上他对学生作文的评语征求学生意见。他提出了一个简单的问题："我的评语怎样才能对你的学习更有帮助？"得到两个重要的信息：第一，许多学生读不懂他的手写评语；第二，很多学生希望得到更多的指导，以便改正教师在作文里指出的不足。

向学生介绍评价内容是这一过程中的重要一步。学生一般都乐于知道教师对其学习进行评价出于什么目的。向全班学生宣布你要评估他们学到多少知识、学习程度如何，以便帮助他们学得更好，这样就可以打破评分制度和课堂权力结构构筑的樊篱，提高学生的学习效果。将学生纳入课堂评价项目之中，使大家明白都在实实在在地追求同一个最终目标，即促进学习。

3. 分析学生反馈

教学评价周期的这一步往往对教师的影响最大，因为教师对于学生一堂课学习的设想到这一步就会与学生的反馈信息发生正面对抗。对于许多教师来说，分析学生反馈是以教师为中心的教法转向以学生为中心的教法的第一步。

鉴于教学评价的形成性，采用数字和描述相结合的方法往往最具有启发性，也最有作用。

对收集的数据进行分析。需要什么样的分析方法才能将原始数据转换成有助于教学决策的信息？回答该问题的一个办法是提几个教学评价过程中可能要回答的学生学习方面的一般性问题。

与学生有关的问题：

（1）有多少学生学习情况良好，有多少学生学习不好？

（2）哪些学生学习好，哪些学得不好？

（3）哪些事情是成功的学习者做了而其他人从未做过的，或者成功的学习者也未做过的？

（4）欠成功的学生有哪些行为导致失败？

与课程内容有关的问题：

（1）课程内容方面学生的学习量有多大？

（2）学生学的是课程内容的哪些要素？

（3）学生在课程内容方面的学习程度如何？

（4）学生综合应用课程各要素内容的情况如何？

与教学有关的问题：

（1）我的教学是如何从正、反两方面影响学生学习的？

（2）我可以在教学上做哪些具体的改变以提高课堂学习效果？

（3）我可以在教学上做哪些具体的改变以提高课外学习效果？

（三）结果回应

1. 解释结果并设计恰当的回应

设法了解学生给出某个反馈信息的原因，仔细思考，如何才能用可以帮助学生提高学习效果的方式来对其反馈做出回应。如果在分析和解释反馈信息方面浅尝辄止，教学评价的许多潜在价值就会丧失殆尽。为了弄明白学生反馈的真正意义及最佳的回应方式，在与全班学生讨论结果之前，不妨先对自己提出以下问题：

（1）所获得数据是否显示学生实现教学目标或者完成教学任务的优劣程度？

（2）能否解释学生为何不能（或者能）实现学习目标？

（3）如果学生表现不佳，那么导致其不成功的原因是什么？是教学方法、教学风格还是学习技能不行？

（4）还可以提出哪些后续问题以便更深入理解这些结果？

（5）如何做出最佳回应并充分利用自己的发现来提高学生的学习效果？（调整教学？进行新的评价？进一步获得反馈以了解学生作答的理由？）

2. 交流评价结果并尝试做出回应

通过让学生了解评价结果、教师对比做出的解释及相应打算，充分扩大评价的积极影响。教师对评价结果的回应方式有很多，从简单地向学生通报反馈情况到重构几堂课不一而足。需要注意的是，并非所有的评价结果分析都提示要作调整，有时候评价结果可以用来佐证某些教学实践是正确有效的，这种情况下只需要向学生通告情况就可以了。

3. 评估教学评价项目对教学的作用

教学评价项目目标实现的程度怎样？有无预想之外的结果？对教学影响如何？若对学生学习有作用，作用何在？

4. 设计一个综合性的教学评价研究项目

小试过简单的教学评价项目之后，可以扩大研究对象和范围，小规模的短期评价活动常常可以拓展为大规模的研究，周期可以延长至整个学期或者学年。

二、教学评价技巧

（一）知识评价技巧

学生对事实与原理的学习，通常称为叙述性学习。对叙述性学习的评价采用基本的测试手段即可以准确测定学生对所学内容掌握程度。比如，名词解释、概念判断、选择等常规试题测试。下面介绍几种比较有创意并值得借鉴的课堂评价方式。

1. 背景知识调查法

在第一节课上课时教师需要了解学生的先验知识，也就是要掌握学生的学习基础，或者教师在新的单元开始之前，设计背景知识调查这样的简单问卷。背景知识调查可以要求学生做出简单的回答，或者要求在多个选项里选择正确的答案或者两者兼有。问卷的问题应集中于学生要想顺利完成后面的作业就必须了解的具体信息和概念上，而不是放在学生的个人经历和一般知识，要保证问卷中至少有一个问题是教师确信大多数学生都可以正确回答的，并至少有一个相对较难的问题。教师基于学生已有的具体知识背景，就能给学生提供一个熟悉的切入点，一个"钓取新信息的鱼钩"。

2. 集中列举法

顾名思义就是将学生的注意力集中于某一个重要术语、概念，引导学生列出同这一"焦点"密切相关的观点。该技巧和背景知识调查法一样，可以"刺激"学生回忆，鼓励学生将其所学知识同以往的经验和先验知识联系起来，并督促学生在新旧知识之间架起自己的"桥梁"。

应用故事：某营销学教授在第一节导论课结束后，要求修课的 50 名学生列出并即时定义与营销有关的 5～7 个基本概念。学生除了要列出自己想得起来的概念之外，还要写出简单的定义，因而他给学生 10 分钟时间完成。课后他快速浏览了一遍学生的答案，发现一半以上的学生列出并恰当地定义了他集中关注的 6 个概念中的 3 个以上；有些学生还列出了未纳入其观察范围的其他重要而有效的概念。第二节课，教授给学生发了一张打印清单，上面列出了一些学生的最佳定义，然后复习了一遍大部分学生未能列出的另外三个他所关注的基本概念。有了这次评价的经验，他后来每次上课都把学生需要全程关注的一些重要概念和术语写在黑板上。

3. 错误概念/先入之见核查法

学习新知识的最大障碍往往不是学生缺乏先验知识，恰恰相反，正是先验知识的存在阻碍了对新知识的学习。多数大学教师根据自己的经验认识到，在接触一个陌生领域的知识时，要让学生抛弃掉错误的或者不完整的知识，难度比让其掌握新知识要大得多。该方法可以采用错误概念/先入之见匿名调查问卷来了解学生的错误或者片面认知，再通过辨析的方式展开。

4. 空白提纲法

教师将空白的或者印有部分内容的课堂内容或者课外作业提纲发给学生，要求在限定时间内完成填空任务。空白提纲这一技巧可以帮助教师了解学生对讲课、阅读材料或者音像材料重点的"抢抓"能力，还可以帮助学生在恰当的知识结构内对知识点进行回忆和组织，使知识的记忆更持久，也有助于理解。

5. 记忆矩阵法

记忆矩阵是一种简单的二维图表，即把一个矩形分成若干行和列，用以组织信息并阐述信息之间的关系。在记忆矩阵中，每行每列的标题都已给定，但是单元格和方框是空的。学生填写记忆矩阵的空白单元格时，其提供的反馈可以快速浏览，也易于分析。

6. 半页纸反馈法

半页纸反馈法是一种搜集学生学习方面书面反馈的快捷而十分简单的途径。教师通常在下课前两三分钟停止讲课，让学生简单地回答类似"本堂课你学到最重要的知识点是什么？"及"还有哪个重要的问题尚未解答？"，然后让学生将答案写在索引卡或者便签纸上上交，故名"半页纸反馈法"

7. 最难理解点法

该技巧的操作方式是让学生就以下问题快速作答："在某某方面你感到难于理解的知识点是什么？"评价的焦点可以是一堂课、一次讨论、课外作业、游戏或者一部电影的内容。教师利用反馈信息了解学生觉得最难领会的知识点有哪些，并指导自己的教学决策，确定需要重视哪些主题及每个主题该花多少时间。

（二）技能评价技巧

从某种意义上来说，学生在大学里学到的最持久、最重要的知识与技能是他们以某种方式学会应用的知识与技能。对于技能可以简单地分为思维技能、应用和行为技能两个方面，思维技能又可以分为分析与批判的技能、综合推理与创新思维技能等。针对分析与批判思维技能介绍归类表格法、正反对照表法、分析性备忘录法；针对综合推理与创新思维介绍一句话总结法、近似类推法、概念图法、自创对话法；针对应用和行为技能评价介绍指向性释义法、学生出考题法、应用卡片法、课堂模仿法、项目计划法。

1. 归类表格法

归类表格法就像对仓库里物品进行分类，将同类物品放入恰当的储藏箱一样，只不过是用纸和笔进行操作而已。教师向学生展示一个网格，内容包括两三个大类，即学生一直在学的高级概念，外加一些从属于这些高级概念的术语、形象、公式及其他项目，混杂在一起，然后给学生相当长时间，将从属术语对号入座归入表格大类。

2. 正反对照表法

大多数人在做出紧急决定之前，为了考虑更清楚一些，经常在短时间内列出该项决定的正、反两方面因素。正反对照表将人们熟悉的这一决策行为转变为课堂评价方法，正反对照表有助于教师快速浏览学生对关注问题的正反、得失、利弊等因素的分析能力。只要粗略浏览一下学生所列的正、反因素，就可以了解其分析的深度与广度及客观认知能力方面的重要信息。该评价迫使学生超越自己的第一反应，对事物的两面至少都要展开探索，并能衡量存在争议观点的价值。此方法可以较完美地应用于营销案例分析中。

3. 分析性备忘录法

分析性备忘录总的来说是一种模拟练习，它要求学生就一个具体问题或者事件写一到两页的分析。备忘录的使用者通常是需要学生分析的内容为其决策提供依据的雇佣者、委托人或者利害攸关方。分析性备忘录评价的是学生使用本学科所学的方法和技巧对问题进行分析的能力。比如，在营销教学中教师可以利用正在发生的企业案例让学生进行案例分析。

4. 一句话总结法

这一简单的技巧让学生针对给定的主题回答这样的问题："谁何时、何地、如何、因何对何人做了何事？"（又称6W1H）然后将答案合成一个内容丰富、符合语法的概括性长句。一句话总结可使教师了解学生在给定主题的大量信息进行概括，其简明性、概括性和创造性如何。

5. 近似类推法

近似类推评价技巧的操作方法是，由教师提供前半部分，学生只完成一个类推的后半部分。对于评价而言，学生的答案不一定要像正式逻辑学或者数学推理那样刻板，只要近似即可。用该种方法获得的答案，可以使教师了解学生对于类推的第一部分的两个概念或者属于之间关系能否理解，以及学生将"新"关系同自己比较熟悉的旧关系联系起来的效果和创造力如何。该项技巧使其可以在教师指导下训练联系技能，有助于巩固和拓展其"知识网"。

6. 概念图法

概念图是一种图画或者图表，展示学生在头脑里将教师关注的重要概念同自己学过的其他概念所做的联系。这一技巧可以提供学生概念图式方面可供观察和评价的记录。

7. 自创对话法

通过自创对话，学生可以将事件、人物、历史时期等知识整合成一段精心编排的对话。一方面，学生通过对话的原始来源的真实引用内容进行精心选择和编排，可以形成自创对话；另一方面，学生可以为演说者量体裁衣地设计出合理的内容来。自创对话可以提供大量信息，帮助了解学生捕捉他人个性及表达风格的能力，以及学生对于理论、争议性内容及他人观点的理解情况，培养学生超越所学内容创造性综合的技能。此类方法在推销学、营销策划中可以灵活使用。

8. 指向性释义法

在职业技术领域，成功往往依赖于将高度专业化的信息转化成顾客能够理解的语言的能力。指向性释义这一评价技巧就是评价和帮助培养这一有用的技能。在最简单的层面上，使用指向性释义的技巧可以提升学生用自己的话概括和复述重要信息与概念的能力，同时这一技巧还可以评价学生是否有能力将所学知识转化为课堂外的人都能理解的形式。这种评价方式可以有效培养营销专业学生专业知识的转换应用能力。

9. 应用卡片法

在学生听过或者读过一个重要的原则、结论、理论、方法之后，教师发给学生一张索引卡，要求针对所学内容，写出一个以上可能的现实应用举例。这就是应用卡片法。该方法可以帮助教师快速了解学生对所学知识的潜在应用的理解程度。

10. 学生出考题法

学生出考题可以帮助教师评价学生至少三个方面的学习情况。从这些问题中，教师可以了解学生认为重要的或者最值得记忆的内容是什么，他们所理解的公平而有效的测试题是什么，以及他们对自己所提出问题的解答能力。

11. 课堂模仿法

学生以小组为单位，创造逼真的场景或者模拟过程来展示自己所学的知识与技能。如商务谈判过程、推销洽谈等展示自己运用所学知识的能力。

12. 项目计划法

让学生通过完成论文或者完成商业项目来培养将所学原理与结论运用于新问题、新情境的能力。在市场营销教育中，常用促销、广告、推销等真实或者虚拟的商业项目来驱动教学，根据项目执行过程全方位评价学生。

（三）素质评价技巧

在职业教育领域，学生素质一般被称为通用职业能力。我国的教育学者根据时代背景和高等职业教育学生的现状，提出了营销通用职业能力的八个方面：自理自律能力、学习发展能力、交流表达能力、团队合作能力、评判创新能力、技术应用能力、刻苦耐挫能力、应急应变能力。对学生职业素质的评价来说是比较困难的事情，通常建议将知识技能的评价与素质评价融合，教学过程要全面掌握学生出勤情况和课堂表现、项目的参与度、课业项目讲解与表达、数据搜集等信息，并及时向学生反馈情况，促进学生转变，实现评价目的。

□学习范例

职业学校市场营销专业"市场营销策划"课程教学评价设计方案

一、基本目的

为推动学生为主体的教学改革，不断提高人才培养质量，特制订本方案。

二、适用课程

本方案主要适用于市场开发与营销专业的"市场营销策划"课程

三、教学评价的基本原则

教学评价以多元化（评价内容多元化、评价方式多元化、评价主体多元化）、正激励为主要指针，遵循以下基本原则：

（1）过程性评价与结果性评价相结合原则；

（2）知识掌握测评与技能过关测评相结合原则；

（3）素质测评与知识技能测评相结合原则；

（4）自我评价与外部评价相结合原则；

（5）定量评价与定性评价相结合原则。

四、学生学业评价模式基本框架

评价内容		评价载体	评价方式	评价主体	评价工具
基本素质 20%	行为习惯	出勤率、听课率等	过程评价	教师与学生	出勤表、评价表
	团队精神	团队表现、参与度	过程评价	教师与学生	教师评价表与自评表
	创新精神	课堂发言、学业成果等	过程评价	教师	教师评价表与自评表
	……	……	……	……	……
核心技能 50%	技能过关任务或者项目	任务成果或者项目成果	过程评价或者结果评价	教师与学生	任务或者项目评价表
必备知识 30%	必会知识点	上机测试	过程评价或者结果评价	教师	计算机题库

注：基本素质、核心技能、必备知识三大块成绩每项都合格方能通过考核

五、激励性措施

1. 为了激发学生参加社会实践、提升实践技能，完善自我人格，特设计加分项。

2. 业余时间兼职从事营销相关工作并取得一定经营成绩者加 1～5 分。

3. 参加营销技能大赛获奖者，根据大赛层次和名次加 1～5 分。

4. 在学校报刊或其他刊物上发表营销相关文章的，1 篇加 5 分。

5. 参加其他活动获奖者，根据情况每次加 1～5 分。

6. 阅读专业书籍分享读书心得，每本书加 1 分。

六、"市场营销策划"课程具体评价方案

　　根据上述基本要求制订"市场营销策划"课程学生学业评价操作方案。我们将"市场营销策划"课程考核主要内容分为三大块：基本素质、必备知识、核心技能。课程总体上采用"过程性评价+核心技能过关+必会知识点过关"的形式。

　　基本素质评价载体主要包括出勤、课堂表现、团队合作、学习态度；出勤依据出勤表，课堂表现根据奖励"表现星"，团队合作与学习态度采用自我打分和教师打分决定。

　　必会知识考核采用题库上机测试方式评价。学生学习完一章，就通过手机给予通关必备知识自测，期末计算机随机抽题考试，学生可以有两次考试申请机会。

　　核心技能采用课业任务通过考核。该课程采用团队项目来考核学生的营销策划技能。技能通关分为过程任务通关和期末项目汇报通关两部分。

　　期末必会知识点和项目汇报成绩 60 分以上方可给予成绩。

　　（具体见附表 1～附表 9）

附表 1　"市场营销策划"课程成绩统计表

小组	组长	策划项目	组员	考核项目					成绩合计
				职业素养 10%	团队合作与学习态度 5%	课业任务 15%	必会知识点 30%	策划项目 40%	
第一组									
第二组									
第三组									

续表

小组	组长	策划项目	组员	考核项目					成绩合计
				职业素养 10%	团队合作与学习态度 5%	课业任务 15%	必会知识点 30%	策划项目 40%	
第四组									
第五组									
第六组									

附表 2　课程职业素养考核表　考核项目

小组	姓名	签到	奖励	签到	奖励	签到	奖励	签到	奖励	签到	奖励	签到	奖励	签到	奖励	签到	奖励	签到	奖励	签到	奖励	综合评分
第一组																						
第二组																						

续表

小组	姓名	签到	奖励	签到	奖励	签到	奖励	签到	奖励	签到	奖励	签到	奖励	签到	奖励	签到	奖励	签到	奖励	签到	奖励	签到	奖励	签到	奖励	签到	奖励	签到	奖励	综合评分
第二组																														
第三组																														

附表3　团队合作与学习态度评定

小组	姓名	团队合作自我评定	团队合作教师评定	学习态度自我评定	学习态度教师评定	小计
第一组						
第二组						
第三组						
第四组						

续表

小组	姓名	团队合作自我评定	团队合作教师评定	学习态度自我评定	学习态度教师评定	小计
第四组						
第五组						
第六组						

附表 4　团队合作自我评价表

姓名	学号	小组	评价项目	自评打分	合计/4
			团队成员分工协作水平（0~4分）		
			团队成员沟通效果（0~4分）		
			团队凝聚力水平（0~4分）		
			团队氛围状况（0~4分）		
			团队工作效率（0~4分）		

附表 5　学习效果自我评价表

姓名	学号	小组	评价项目	自评打分	合计/4
			本人对本课程感兴趣程度（0~4分）		
			本人学习参与程度（0~4分）		
			本人课堂上表现（0~4分）		
			本人课堂外工作（0~4分）		
			本人学习收获（0~4分）		

附表 6　团队合作教师评价表

姓名	学号	小组	评价项目	教师打分	合计/4
			团队成员分工协作水平（0~4分）		
			团队成员沟通效果（0~4分）		

姓名	学号	小组	评价项目	教师打分	合计/4
			团队凝聚力水平（0～4分）		
			团队氛围状况（0～4分）		
			团队工作效率（0～4分）		

附表 7　学习态度教师评价表

姓名	学号	小组	评价项目	教师打分	合计/4
			该生对本课程感兴趣程度（0～4分）		
			该生学习参与程度（0～4分）		
			该生课堂上表现（0～4分）		
			该生课堂外工作（0～4分）		
			该生学习收获（0～4分）		

附表 8　课程项目课业成绩统计表

小组	姓名	课业1	课业2	课业3	课业4	课业5	课业6	课业7	课业8	课业9	综合评分
第一组											
第二组											
第三组											
第四组											

附表 9 小组策划方案评价表

小组	策划项目名称	评价项目	分值	合计
		策划内容的完整性（0～5分）		
		策划创意新颖性（0～5分）		
第　　组		策划方案的可行性（0～5分）		
		策划方案的逻辑一致性（0～5分）		
		策划方案的包装美观性（0～5分）		
		策划方案推销效果（0～5分）		
小组	策划项目名称	评价项目	分值	合计
		策划内容的完整性（0～5分）		
		策划创意新颖性（0～5分）		
第　　组		策划方案的可行性（0～5分）		
		策划方案的逻辑一致性（0～5分）		
		策划方案的包装美观性（0～5分）		
		策划方案推销效果（0～5分）		
小组	策划项目名称	评价项目	分值	合计
		策划内容的完整性（0～5分）		
		策划创意新颖性（0～5分）		
第　　组		策划方案的可行性（0～5分）		
		策划方案的逻辑一致性（0～5分）		
		策划方案的包装美观性（0～5分）		
		策划方案推销效果（0～5分）		
小组	策划项目名称	评价项目	分值	合计
		策划内容的完整性（0～5分）		
		策划创意新颖性（0～5分）		
第　　组		策划方案的可行性（0～5分）		
		策划方案的逻辑一致性（0～5分）		
		策划方案的包装美观性（0～5分）		
		策划方案推销效果（0～5分）		
		策划方案推销效果（0～5分）		

□模拟实训

请选择市场营销专业的某一门课程或者某一章节，围绕该部分的教学目标，设计一套完整的课堂教学评价方案，并模拟实施。

步骤一：选择一部分教学内容。

步骤二：确定教学目标。

步骤三：根据学生情况设计评价方案。
步骤四：在班级小范围内模拟实施。
步骤五：撰写心得体会。

□工具使用

评价表 1　社会能力与方法能力评价表

序号	评估标准　　　　　评估项目	很好（7分）	较好（5分）	一般（3分）	需努力（1分）	教师审核意见
1	课程出勤					
2	纪律执行情况					
3	任务准时完成情况					
4	有效学习方法的掌握					
5	小组活动参与表现					
6	团队贡献					
7	表达交流表现					
8	学习态度					
9	克服学习困难表现					
10	课外参考资料阅读					
	1～10项成绩（总分70分）					
11	你认为完成任务过程中自我管理方面表现如何？你对必须培养自我管理能的能力的人是有何提高（15分）？					
12	你认为在任务完成过程中，表达交流方面做得如何提高？（15分）					
	11、12项考评成绩（总分30分）					
	本项总评成绩（总分100分）					

评价表 2　营销案例分析能力与写作能力评价表

评估标准　　　　　评估指标	任务是否基本完成（评估分值60分）	任务是否达到要求（评估分值40分）	评估成绩（总分100分）
案例分析（总分30分）	1.案例归纳完整 2.案例问题 3.解决对策 总分15分	1.案例归纳准确 2.案例问题解答准确 3.解决对策合理 总分15分	

续表

评估指标＼评估标准	任务是否基本完成（评估分值 60 分）	任务是否达到要求（评估分值 40 分）	评估成绩（总分 100 分）
理论运用（总分 35 分）	1. 营销策略及运用重要性 2. 营销观念及运用重要性 3. 营销管理及运用重要性 (理论运用可以是全面分析，也可从其中的一个方面重点分析) 总分 20 分，没有基本完成酌情扣分	1. 概念、原理描述准确 2. 理论运用正确 总分 15 分，没有达到要求酌情扣分	
写作要求（总分 35 分）	1. 联系企业实践 2. 上升自我认识 总分 25 分，没有达到要求酌情扣分	1. 认识观点正确 2. 观点表达有条理 总分 10 分，没有达到要求酌情扣分	
评估成绩（总分 100 分）			

教师评语或者学生反馈意见：

评价表 3 营销认识交流能力评价表

评估指标＼评估标准	交流是否基本完成（评估分值 60 分）	交流是否表现突出（评估分值 40 分）	评估成绩（总分 100 分）
交流内容（总分 50 分）	1. 理论联系实践(15 分) 2. 上升为自我认识(15 分) 总分 30 分，没有达到要求酌情扣分	1. 内容完整(10 分) 2. 观点鲜明(10 分) 总分 20 分，没有达到要求酌情扣分	
交流表述（总分 30 分）	1. 表述清楚、响亮(10 分) 2. 表述有条理(10 分) 总分 20 分，没有达到要求酌情扣分	1. 流畅、熟练(5 分) 2. 语速善于控制(3 分) 3. 语音动听(2 分) 总分 10 分，没有达到要求酌情扣分	
交流表情（总分 10 分）	表情自然、舒展 总分 5 分，没有达到要求酌情扣分	1. 富有表情(3 分) 2. 具有吸引力(2 分) 总分 5 分，没有达到要求酌情扣分	
交流姿态（总分 10 分）	姿态大方、得体 总分 5 分，没有达到要求酌情扣分	1. 善于表现(3 分) 2. 具有感染力(2 分) 总分 5 分，没有达到要求酌情扣分	

续表

评估标准 评估指标	交流是否基本完成（评估分值60分）	交流是否表现突出（评估分值40分）	评估成绩（总分 100分）
交流训练 个人成绩		交流训练 小组成绩	

教师评语或学生反馈意见：

□知识巩固

一、单项选择题

1. 设计教学评价方案从（　　）开始。
   A. 设计评价内容 　　　　　　　　　B. 确立和阐明教学目标
   C. 研讨评价方法 　　　　　　　　　D. 实施教学评价
2. 企业、教师、学生本人参与教学评价体现（　　）。
   A. 评价主体多元化 　　　　　　　　B. 评价工具科学化
   C. 评价方式过程化 　　　　　　　　D. 评价载体多样化
3. 营销教学中教师利用正在发生的企业案例让学生进行案例分析，是一种（　　）评价
   方法。
   A. 一句话总结 　　　B. 近似类推 　　　C. 分析备忘录 　　　D. 正反对照表

二、多项选择题

1. 教学评价方案的设计需要统筹考虑（　　）。
   A. 评价内容 　　　　　B. 评价载体 　　　　C. 评价主体 　　　　D. 评价方式
2. 实施教学评价的基本步骤包括(　　)。
   A. 设计教学评价方案 　　　　　　　B. 实施教学评价
   C. 结果回应 　　　　　　　　　　　D. 讨论反思

三、判断题

1. 不同的课程需要采用不同的评价方案。（　　）
2. 新的单元开始之前,设计背景知识调查这样的简单问卷是一种了解学生知识掌握情况
   的方法。（　　）
3. 市场营销策划课程比较适合采用项目计划法来评价学生技能掌握情况。（　　）
4. 商务谈判老师通过学生模拟谈判来评价学生谈判能力是近似类推法的一种。（　　）
5. 对学生职业素质的评价来说是比较困难的事情,因此可以在评价方案中去掉对学生素
   质评价的部分。（　　）

任务三　教　学　反　思

□任务导读

对于中等职业学校的新教师，在掌握基本教学内容的同时，必须学会教学反思，教学反思不仅是对前期教学结果的总结，也是对后续教学过程的良性促进。教学反思应贯穿在教学过程的多个环节。合适的反思方式与方法能够达到对教学的促进效果。

□学习目标

1. 理解教学反思的内涵和意义
2. 了解教学反思的内容构成
3. 掌握教学反思的程序
4. 掌握教学反思的常用方法
5. 掌握教学反思工具使用

□实施指导

一、反思与教学反思的概念

所谓反思（turn over to think），即回头、反过来思考的意思，是近代西方哲学中广泛使用的概念之一。我们也可以称之为反省、反映。

所谓教学反思，是指教师对教育教学实践的再认识、再思考，并以此来总结经验教训，进一步提高教育教学水平。教学反思一直以来是教师提高个人业务水平的一种有效手段，教育上有成就的大家一直非常重视之。现在很多教师会从自己的教育实践中反观自己的得失，通过教育案例、教育故事或教育心得等来提高教学反思的质量。

二、教学反思基本类型

教学反思类型多样，根据不同的分类标准可以将教学反思分为不同的类别。

（一）横向教学反思和纵向教学反思

根据参照对象的不同可以把教学反思分为横向教学反思和纵向教学反思。

1. 横向教学反思

通过与他人的教学比较进行的教学反思即为横向教学反思。教学反思需要跳出自我，反思自我。所谓跳出自我，就是经常地开展听课交流，研究别人的教学长处，"他山之石，可以攻玉"，通过学习比较，找出理念上的差距，解析手段、方法上的差异，从而提升自己。

2. 纵向教学反思

所谓纵向教学反思，就是历史的比较反思，即把自己的教学实践作为一个认识对象放在历史过程中进行思考和梳理。同时不断地获取学生的反馈意见，并把它作为另一个认识对象进行分析，最后把两个具体的认识对象揉在一块儿整合思考。

（二）个体教学反思和集体教学反思

根据反思参与主体不同，可以把教学反思分为个体教学反思和集体教学反思。

1. 个体教学反思

个体教学反思即自我教学反思，教师在课后通过教学日志等反思手段进行的自我发现问题、分析问题、解决问题的过程。

2. 集体反思

集体反思指与同事一起观察自己的、同事的教学实践，与他们就实践问题进行对话、讨论，是一种互动式的活动，它注重教师间成功的分享、合作学习和共同提高，有助于建立合作学习的共同体。

三、教学反思的内容

教学反思的内容就是反思什么的问题。一般情况下，教学反思包括教学前反思、教学中反思、教学后反思，不同的阶段反思的内容不同。

（一）教学前反思

教学前反思实质是对教学设计的反思。内容包含反思确定内容、阶段及具体实施方法、学生的需要和满足这些需要的具体目标，以及达到这些目标所需要的动机、教学模式和教学策略。例如，需要教给学生哪些关键概念、结论和事实；教学重点难点的确定是否准确；教学内容的深度和范围对学生是否适度；所设计的活动哪些有助于达到教学目标；教学内容的呈现方式是否符合学生的年龄和心理特征；哪些学生需要特别关注；哪些条件会影响课的效果；等等。

（二）教学中反思

教学中反思是教师在教学过程中，对不可预料情况发生进行的反思及教师在和学生互动过程中，根据学生的学习效果反馈，对教学计划进行的临时性调整。

教学中反思要求教师全身心地投入到教学活动中，调动各种感官捕捉反馈信息，快速、灵活地做出调整和反应。在教学中反思时教师可运用录音和录像技术，与观察手段一起为以后的教学后反思提供信息。

（三）教学后反思

教学后反思一般围绕教学内容、教学过程、教学策略进行，具体如下。

（1）教学内容方面：①确定教学目标的适用性；②对目标所采取的教学策略做出判断。

（2）教学过程方面：①回忆教学是怎样进行的；②对教学目标的反思——是否达到预期的教学效果；③对教学理论的反思——是否符合教与学的基本规律；④对学生的评价与反思——各类学生是否达到了预定目标；⑤对执行教学计划情况的反思——改变计划的原因和方法是否有效，采用别的活动和方法是否更有效；⑥对改进措施的反思——教学计划怎样修改会更有效。

（3）教学策略方面：①感知环节——教师要意识到教学中存在问题与自己密切相关；②理解环节——教师要对自己的教学活动与倡导的理论、行为结果与期望进行比较，明确问题根源；③重组环节——教师要重审教学思想，寻求新策略；④验证环节——检验新思想、新策略、新方案是否更有效，形成新感知，发现新问题，开始新循环。

四、教学反思流程

教师反思的过程经历"具体经验阶段→观察与分析阶段→重新概括阶段→积极验证阶段"四个阶段。

（一）具体经验阶段

该阶段的任务是使教师意识到问题的存在，并明确问题情境。

（二）观察与分析阶段

该阶段教师将广泛收集并分析有关的经验，特别是关于自己活动的信息，以批判的眼光反观自身，包括自己的思想、行为，也包括自己的信念、价值观、目的、态度和情感。在获得一定的信息之后，教师要对它们进行分析，看驱动自己的教学活动的各种思想观点到底是什么，它与自己所倡导的理论是否一致，自己的行为与预期结果是否一致等，从而明确问题的根源所在。经过分析，教师会对问题情境形成更为明确的认识。

（三）重新概括阶段

此阶段，教师将在观察分析的基础上反思旧思想，并积极寻找新思想与新策略来解决所面临的问题。

（四）积极验证阶段

这时要检验上阶段所形成的概括的行动和假设。在检验的过程中，教师会遇到新的具体经验，从而又进入具体经验第一阶段，开始新的循环。

在以上四个环节中，反思最集中地体现在观察和分析阶段，但它只有和其他环节结合起来才会更好地发挥作用。在实际的反思活动中，以上四个环节往往前后交错，界限不甚分明。

五、教学反思方法

（一）行动研究法

"行动研究"是第二次世界大战时期美国社会工作者约翰·考尔（John Collier）、著名社会心理学家勒温(Kurt Lewin)等在对传统社会科学研究的反思中提出来的。那时，在一般科研工作者看来，"行动"与"研究"是由不同的人所从事的不同性质的活动，前者指实际工作者的实践活动，后者指受到专门训练的研究者的专业探究活动，两者并不相干。而考尔、勒温在各自的研究工作中发现：社会科学研究者如果仅凭个人兴趣搞科研，仅仅是为"出书"作研究，那么其研究工作就不足以满足社会实践的需要；而实际工作者如果不研究自己身处的环境和面临的问题，又得不到研究者的帮助，光有一腔"热情"，那么他们就无法做出"有条理、有成效的行动"。为了改变这一现状，他们提出了一条社会科学研究的新思路、新方法，即从实际工作需要中寻找课题，在实际工作过程中进行研究，由实际工作者与研究者共同参与，使研究成果为实际工作者理解、掌握和应用，达到解决实际问题，改变社会行为的目的。

所谓的"行动研究"，就是指由社会情境（教育情境）的参与者为提高对所从事的社会或教育实践的理性认识，为加深对实践活动及其依赖的背景的理解所进行的反思研究。

它是一种适应小范围内教育改革的探索性的研究方法，其目的不在于建立理论、归纳规律，而是针对教育活动和教育实践中的问题，在行动研究中不断地探索、改进和解决教育实际问题。行动研究将改革行动与研究工作相结合，与教育实践的具体改革行动紧密相连。

为弄明白课堂上遇到的问题的实质，探索用以改进教学的行动方案，教师及研究者合作进行调查和实验研究。它不同于研究者在外部进行的旨在探索普遍法则的研究，而是直接着眼于教学实践的改进。

（二）总结反思法

总结反思是教师公认的一种有效和常用的个体教学反思方法。一般是指教师在完成一段时间的教学实践后进行的教学经验教训总结和思考，以及在总结思考基础上对未来教学改进的设想。可以是一堂课后的总结反思，也可以是一个学年后的总结反思。

"课后思"：一堂课下来就总结思考，写好课后心得或教学日记，这对新教师非常重要。"周后思"或"单元思"：也就是说，一周课下来或一个单元讲完后反思，摸着石头过河，发现问题及时纠正。"月后思"：对自己一个月的教学活动进行梳理。"期中思"：通行的期中质量分析，这是比较完整的阶段性分析。通过期中考试，召开学生座谈会，听取意见，从而进行完整的整合思考。也可以进行一个学期、一个学年或一届教学的宏观反思。

（三）比较反思法

比较反思法是横向反思的一种。教学反思需要跳出自我，反思自我。所谓跳出自我，就是经常地开展听课交流，研究别人的教学长处，"他山之石，可以攻玉"，通过学习比较，找出理念上的差距，解析手段、方法上的差异，从而提升自己。当然，无论是运用行动研究法还是比较法，我们都需要学习先进的教育教学理论，提高自己的理论水平，达到"会当凌绝顶，一览众山小"的境界。

（四）对话反思法

对话反思法是一种典型的集体反思方法，是通过与同事、同行的交流对话发现自己教学中的优缺点从而提升教学水平的反思方法。俗话说："旁观者清，当局者迷"，以旁人的眼光来审视自己的教学实践，能使自己对问题有更明确的认识，并获得解决问题的广泛途径。教师互相观摩彼此的教学，详细记录所看到的情境。还可以用摄像机将教学活动拍下来，组织观看。每个观摩的教师都写教学反思，都以自己的教学实践去分析，促使大家各自思考，然后共同研讨，重在针对教学中普遍存在的困惑，进行团队反思，每个教师发表自己的见解，提出解决问题的思路。"即使出现认识上的冲突，也是一个智慧碰撞和切磋学习的机会。"　注重教师之间的合作与对话是反思性教学的一个重要特征，反思不仅是"闭门思过"，与外界的沟通和交流也是进行教学反思的重要途径，这是由教与学的社会性本质所决定的。除了同事之间的对话外，还可请教育教研学者介入，提出有促进性、针对性的建议，促使教师不断反思，从而获得更新、更全面的认识。

六、教学反思工具

教师进行教学反思需要有效地利用一些工具和手段，下面简单介绍一些教师常用的教学反思工具。

（一）教学反思日志

所谓教学反思日志，即以日志的形式对每天的教育教学工作进行归纳和总结。内容可以灵活多样，教师可以写成功之处，也可以写不足之处；可以写教学机智，也可以写学生创新。

写成功之处：将教学过程中达到预先设计的教学目的、引起教学共振效应的做法，课堂教学中临时应变得当的措施，层次清楚、条理分明的板书，某些教学思想方法的渗透与应用的过程，教育学、心理学中一些基本原理使用的感触，教学方法上的改革与创新，等等，详细得当地记录下来，供以后教学时参考使用，并可在此基础上不断地改进、完善、推陈出新，得到理想结果。

写不足之处：即使是成功的课堂教学也难免有疏漏、失误之处，对它们进行系统回顾、梳理，并对其作深刻的反思、探究和剖析，能够在今后的教学中吸取教训，更上一层楼。

写教学机智：课堂教学中，随着教学内容的展开，师生的思维发展及情感交流往往会因为一些偶发事件而产生瞬间灵感，这些"智慧的火花"常常是不由自主、突然而至的，若不及时利用课后反思去捕捉，便会因时过境迁而烟消云散，令人遗憾不已。

写学生创新：在课堂教学过程中，学生是学习的主体，学生总会有"创新的火花"在闪烁，教师应当充分肯定学生在课堂上的一些独特的见解，这样不仅使学生的好方法、好思路得以推广，对学生也是一种赞赏和激励。同时，这些难能可贵的见解也是对课堂教学的补充与完善，可以拓宽教师的教学思路，提高教学水平。因此，将其记录下来，可以补充今后的教学材料。

写再教设计：一节课下来，静心沉思，摸索出了哪些教学规律；教法上有哪些创新；知识点上有什么发现；组织教学方面有何新招；解题的诸多误区有无突破；启迪是否得当；训练是否到位；等等。及时记下这些得失，并进行必要的归类与取舍，考虑一下再教这部分内容时应该如何做，写出"再教设计"，这样可以做到扬长避短、精益求精，把自己的教学水平提高到一个新的境界和高度。

（二）教育叙事

教育叙事即讲有关教育的故事。它是教育主体叙述教育教学中的真实情境的过程，其实质是通过讲述教育故事，体悟教育真谛的一种研究方法。非为讲故事而讲故事，而是通过教育叙事展开对现象的思索、对问题的研究，是一个将客观的过程、真实的体验、主观的阐释有机融为一体的一种教育经验的发现和揭示过程。

（三）教学博客/教学微博

随着互联网和移动互联网的广泛应用，博客和微博日益成为人们记录生活和人际交流的工具。一个典型的博客结合了文字、图像、其他博客或网站的链接及其他与主题相关的媒体，能够让读者以互动的方式留下意见。教师将日常的教学生活及学习成长写成"教育叙事"记录下来，通过博客可以与别人交流，供他人借鉴。同时通过建立学习专用的博客教师可以和学生一起交流、沟通，在增进师生感情的同时，采纳学生的有利意见，总结和改更进教学方法，改善自己的教学效果。

（四）教学得失与改进表

教师进行教学反思时如果觉得写教学反思日志或者教育叙事比较耽误时间的话，可以采用较为简化的教学反思工具，"教学得失与改进表"就是其中之一，所谓"教学得失与改进表"，即教师在授课结束后填写的教学得失记录与改进设想表格（例子见工具表格），表格"得"栏填写成功之处或者教学机智等内容，"失"栏填写教学过程出现的失误或者不足之处，"改进"栏填写下次教学设想。表格可以手工绘制也可以采用电子形式。

（五）S-T 编码工具

进行教学反思往往需要基于数据进行分析，这时候就需要利用一些技术手段采集数据、利用数据分析方法定量分析数据。这里简单介绍 S-T 编码工具及分析方法。

S-T 分析法即 Student-Teacher 分析法，主要用于对教学过程的定量分析。将教学中的行为分为学生（S）行为和教师（T）行为。它将教学结果以图形表示，使得教师可以采用可视化的方法对教学过程加以研讨，是一种有效的定量分析方法。

1. 数据收集

S-T 分析法规定的课堂教学行为类别仅有 T 行为（教师行为）和 S 行为（学生行为）两类。T 行为是指教师视觉的、听觉的信息传递行为，此外的所有行为都是 S 行为。其行为的类别如表 3-3-1 所示。

表 3-3-1　S-T 分析行为分类的定义及具体表现

类别	定义	具体体现
T 行为	教师视觉或听觉的行为	解说、示范、板书、媒体提示、提问与点名、评价与反馈等
S 行为	T 行为以外的所有行为	发言、思考、计算、记笔记、讨论、做实验或完成作业、沉默等

在数据采样时，通常以 30 秒作为时间间隔进行采样。这样一节 50 分钟的课，应该有 100 个数据样本。有时为了提高数据精度，可以缩短采样时间间隔，如 15 秒、10 秒甚至 3 秒采样一次。随着采样间隔的缩短，数据量会加大。我们也可以通过对教学录像进行采样来代替现场采样，同时辅以多人同时采样，以减少出错的可能。设定采样的时间间隔，在观察的过程中每到采样的间隔取一个样本，判断该时刻发生的行为是教师行为还是学生行为。若该时刻为教师行为，则在表中记入 T，否则记入 S。采样的结果将记入 S-T 数据记录卡片或相应的 Excel 模板中以便于下一步的分析。

2. 数据分析

基于信息的收集，可以用两种方法来分析课堂的教学模式，其中 S-T 图用于记录教学过程中的教师行为和学生行为随时间展开的序列，重在比较；Rt-Ch 图用于分析教师行为占有率和师生行为转换率之间的关系，重在判断。

1）S-T 图

以原点为教学的起始时刻，纵轴为 S，横轴为 T，分别表示 S 行为和 T 行为。将测得的 S、T 数据顺序地在 S 轴、T 轴上予以表示，各轴的长度一般设为 45 分钟(一课时)，直到教学结束，就得到 S-T 图。通过 S-T 图可以清晰地看出在教学全过程中教师行为、学生行为随时间变化的情况，以及师生在课堂中的交互状况。分析其教学活动中存在的优点和不足，从而可以进一步对教学设计和教学行为进行修正。如图 3-3-1 所示。

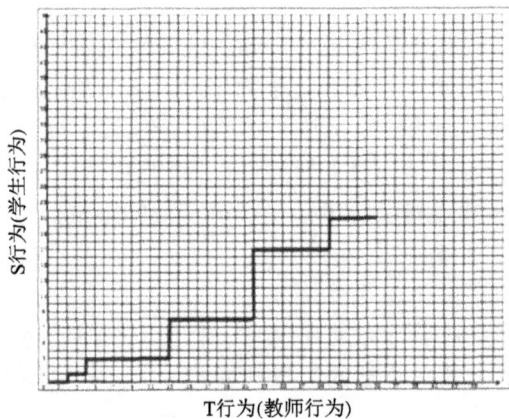

图 3-3-1　S-T 图

2）Rt-Ch 图

Rt 和 Ch 是 S-T 分析法中两个重要的参数，它们分别表示教师行为占有率和师生行为转换率。如果教学过程中行为采样总数为 N，则教师行为采样数为 NT，学生行为采样数为 NS，教师行为采样数和行为采样总数二者的比率就是教师行为占有率，即教师行为在教学行为中所占的比例。计算公式为 Rt=NT $/$ N，显然，0<Rt<1，且 Rt 值越高，表明课堂中教师活动越多。同理，我们还可以计算出学生行为占有率 Rs=NS $/$ N。Ch

值表示行为转换率，即教师行为与学生行为间的转换次数与行为采样总数的比率。同理，O<Ch<1，而 Ch 值越高，说明课堂中师生的对话与互动越多。

由计算得到的 Rt 和 Ch 值可以得到 Rt-Ch 图（图 3-3-2），方法是将 Rt 和 Ch 值描绘在横轴为 Rt、纵轴为 Ch 的平面上，显然，将得到一个对应点。由 Rt 和 Ch 值的意义可知，横轴 Rt 表示教师讲授和演示，纵轴 Ch 表示教学中的对话和交互。考察两个轴的关联后，可以将教学划分为四种不同的教学模式：练习型、讲授型、对话型和混合型（表3-3-2）。其中，混合型也可以表述为我们经常使用的"探究型"。

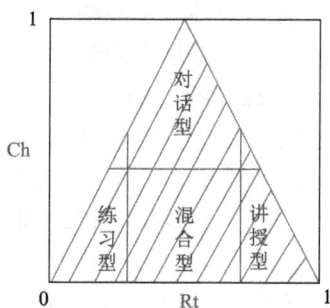

图 3-3-2　Rt-Ch 样图

表 3-3-2　教学模式及其标准条件

教学模式	标准条件
练习型	$Rt \leqslant 0.3$
讲授型	$Rt \geqslant 0.7$
对话型	$Ch \geqslant 0.4$
混合型	$0.3 < Rt < 7$，$Ch < 0.4$

S-T 分析法的编码体系比较简单，能够客观地对师生行为进行编码，具有较强的科学性，有利于教师对课堂教学进行客观、快捷的分析与反思，使其成为教师提高专业化水平的利器。

□学习范例

对中等职业学校市场营销课堂教学的反思

课堂并非只属于学生，也并非只属于教师。如果学生学到的仅是教师的学识构成，那么归根结底，所谓的知识能力还是教师所有的，而学生真正自我所建构的呢？这是新课程理念带给我们的深刻思考。学生自主习得，就势必要超出老师的框架和思维定式；教师以生为本，就必须要导向学生学习的空间和时间。因而，在中等职业学校市场营销课堂教学中，教师应成为课堂教学活动的引领者。所谓引领，即引导和带领，引导帮助学生自主建构，带领促进学生主动探究，从而实现新课改开放、生成、个性化课堂教学的构想。对此，作者将主要从教师的教和学生的学之间的关系入手，试着探讨之。

一、反思传统教学，用新课程理念引导现代市场营销课堂教学

陶行知先生认为："好的先生不是教书，不是教学生，乃是教学生学"，"先生的责任在教学生学"，"先生教的法子还需根据学生学的法子"。所以，学习实质是一个由学生自主建构的过程，教是为了学生的学习。在调动学生积极主动学习的过程中，教师是一个引导者的角色，要相信每个学生都是有潜力的，要更多地关注学生原有的基础，注重联系学生的生活进行教学，并要尽量给予每一位学生同等参与课堂讨论的机会，营造开放性的学习过程，帮助学生能动自主地建构。在学生自主建构的学习过程中，教师同时又始终是主导者，是学生的学习伙伴乃至学习资源，是促进学生主动探究的带领者。这是师生共同探究的过程。

为此，在新课改背景下，我们有许多问题需要反思：教师的引导是否真正有效，它能引起学生的学习兴趣吗？在教师的引领下学生能自己发现问题吗？我们的教育是否培养了学生的素养？学生是否能够在没有教师的任何帮助的情况下不断发现问题，并以一种浓厚的兴趣去进行探究？当学生进行独立探究时，教师是否已在课堂上给予学生足够的实践和体验，使他具备了探究问题的意识与能力并能够独立进行研究？在学生获得研究的结果时，教师是否又给了学生与他人进行交流论证的勇气和意识，并在交流中获得新的知识和见解，学生是否具备反思与超越的意识及能力？教师的引领是否能够使学生自主地建构，学生的发展有没有真正成为一种主动的发展？

1. 引领学生带着兴趣走进课堂

当前，市场营销学科教学理论尚不成熟，许多老师受传统学科教学模式和教学方法的影响较大，教学方法以讲解式、灌输式为主，只重知识灌输的共性，而轻学生能力的个性培养，把学生掌握知识的基础建立在教师的单向授课上，忽视了市场营销学科实践性很强的特点，课堂教学效率低下。

在新理念指导下的课堂教学，教师的作用与地位发生了"质"的变化。教师应该成为学生学习的引领者、组织者、促进者、评价者，成为学生的学习伙伴乃至学习资源。教师不仅要备知识、备教材，更要"备学生"，要把课程目标、学情、教学方式与教育技术、课程资源等统筹考虑，合理配置；教师要依据学生的需要激发学生的学习兴趣，要从学生的身心发展特点、思维特点、兴趣爱好等方面给予学生个性化的帮助。比如，针对刚接触市场营销专业的高一新生，为提高其学习兴趣，每节课前准备一个与课堂知识相关的活动，如讲述一个营销典故或财经新闻或营销著名人物的成功过程，或者设计一个现场的企业招聘会或销售现场等，激发学生探究问题的兴趣和信心，这不仅是学生自主学习的基础，也是使学生形成正确的情感态度与价值观的前提。

2. 引领学生带着问题走向生活

学习"对生活有用的市场营销"和"对学生终身发展有用的营销知识"，已经成为当代专业教育的重要理念。新课程注重将市场营销课程与学生的生活实际紧密结合，在过程与目标上要求学生尝试从学习和生活中发现市场营销问题，提出探究方案，与他人合作，开展调查研究，提出解决问题的对策。在情感态度与价值观方面，要求学生在生活中学习并养成求真务实的科学态度。由于传统教学过多地强调学科的知识体系而忽略了学生的真实体验，新课程要求教师构建开放式的营销课堂，将教学内容与学生身边的营销知识、学生的身心特点及认知水平结合起来。

学生运用营销原理来分析和解决生活中的营销问题，成为探究活动的重要环节。在课堂上，教师要鼓励和带领学生运用已有知识或经验来对营销现象进行解释，甚至提出新的见解。教师在这种学习中的作用则是帮助学生注意获取与加工信息的质量，帮助学生提高筛选、分析、处理信息的能力。

引领学生进入生活是对课堂教学元素的拓展，通过引领学生自主地解决身边的营销问题，使学生体验实践探究的过程并尝试成功的快乐，从而进一步激发营销学习兴趣，提高营销能力。

二、在新课程背景下，市场营销教学引领应关注的几个问题

建构主义认为，知识不是通过教师传授得到的，而是"学习者在一定的情境即社会文化背景下，借助学习过程中其他人（包括教师和学习伙伴）的帮助，利用必要的学习资料，通过意义建构的方式而获得的"。学习能力也不是老师教的，它是学生在主动建构知识、探究问题和解决问题过程中逐步形成和发展的。换句话说，教师在课堂上不是"教"学生，而是与学生一起学习，并且有意识、有目的而又非常自然地对课堂活动进行调控。所以，在课堂教学过程中，应积极鼓励学生个别化质疑，引领学生共同探讨，课堂上的问题要由学生自主达成共识，自主解决；在学生解决问题的过程中，教师能且只能搭建"脚手架"，发挥提示、启发、点拨的作用，从而把学生导入"最近发展区"。

1. 引领学生关注全球问题，拓展学生的市场视野

现代学生视野开阔，思维活跃，对新事物和新潮流非常敏感；当今资讯时代，人们获得的信息之多、获取速度之快，已成了时代的显著特点。当学生运用所理解的市场营销知识来理解和解释全球问题时，学生才能体会到所学知识是有用的。所以基于市场学科价值和学生特点，教师应因势利导，积极引导学生关注全球、放眼世界，拓展其市场视野，激发其学习兴趣。比如，高二学生具有一定的营销知识理论基础，可安排学生"课前五分钟演讲"，并界定演讲范围——全球问题，学生在寻找资料时，不仅自身获得了相关信息与知识，并且把自己所获得的信息传播给其他同学，形成了资源与信息共享，实现了"生生、师生"的互动。

2. 引领学生关注问题研究，提高学生的营销实践能力

引领学生既不是教师的问题一个接一个地"满堂问"，也不是学生任意地向教师提出问题，满堂都是"课堂讨论"。教师最好的方法是引导学生自己去思考和谈论自己提出来的问题，在思考、合作探讨、比较筛选中，带领他们找到问题的最佳答案。教师重要的是设计一种问题情境，促使学生积极地思考，激起学生学习的探究欲；让

学生经过困惑、矛盾和冥思苦想之后有怦然心动、茅塞顿开和豁然开朗的感受；让学生在轻松愉快的氛围中自主建构，实现知识的有效迁移。比如，学生在学习"消费者细分标准的具体变量"时，提出了"我身上穿的衣服是按照哪一种标准来细分的呢？"的问题；对此，可让学生先进行个体思考，教师再根据班级具体情况进行分组，以竞赛方式找到问题的最佳答案。

3. 引领学生关注自身素质，发掘学生的市场活动潜力

引领学生自疑、自悟、自省、自得，通过教学意图和教学策略等影响学生使之成为学习的行动者，让学生作为师生之间交互活动的积极参与者，使之成为学习的主体，教师通过同学生的交互活动展开指导，实现主导与主体互动的最佳契合。例如，每周设计一个营销实践题，如学生在校园内进行义卖活动、产品现场展销会、对学生月消费额的调查等，通过实践活动挖掘学生的潜能，提高市场营销实践能力。然后每月以一个班级的一小组为小单位，依次进行汇报课，即由学生来体验课堂上当小老师的感觉，通过一小组统一备课讨论并推荐一位同学来上课，这样，学生在备课及上课过程中自疑、自悟、自省、自得，提高了自身素质。

三、在新型课堂中，市场营销教学引领可借鉴的模式

1. 构建问题研究、合作学习的课堂教学新模式

美国著名学者施瓦布指出，"学生应该像'小科学家'一样去发现问题、解决问题，并在探究的过程中去获得知识、发展技能和培养能力，同时受到价值观的教育，发展自己的个性，这就是探究性学习"。倡导自主学习、合作学习和探究学习是新课程的核心内容之一。

2. 构建基于信息技术的营销教学新课堂

信息技术不仅为学生提供了更多的学习资源，而且在支持学生进行研讨和探究学习方面提供了重要的技术支持。基于信息技术的教学方式不仅能够有效帮助学生拓展视野、拓宽思维深度和开展高水平的认知活动，而且可以提高学生搜集、分析市场信息的意识和能力。因此，新课程强调信息技术在营销学习中的应用。

至于新型市场营销课堂具体模式及其教学建构，将是一个全方位的系统性问题，有待后续进一步探究。总之，要让课堂回归开放、生成、个性化，让学生真正成为学习实践中的主体。这当中，"弱化甚至取消师生的对话，把教学过程变为纯粹的学生自学"和"以尊重学习的独特体验为理由，对学生学习过程中出现的模糊、不当之处也不予纠正"的两种错误要避免。我们还要澄清许多模糊的认识，以便能够依据教材的重点和学生探究的现实学情，及时调整教学的轨迹。

□ **模拟实训**

以下模拟实训任选其一。

1. 在你完成一节市场营销课教学的基础上，按照教学反思的内容和程序要求，任选一种教学反思方法，完成一篇 1500 字的教学反思日志，并与大家一起交流和分享。

2. 课堂教学录像分析：

步骤一：录制一节某营销学教师的课堂授课视频（或者下载一位老师的教学视频）。

步骤二：利用 S-T 编码规则以 10 秒钟为单位进行教学数据采集。

步骤三：绘制 S-T 和 Rt-Ch 图。

步骤四：分析教师课堂教学类型，并结合课程性质分析课堂教学得失。

步骤五：提出自己的课堂教学改进方案。

□工具使用

教学得失与改进表

序号	日期	得（优）	失（缺）	改进措施
1				
2				
3				
4				
5				
周总结				

□知识巩固

一、单项选择题

1. 教师进行自我反思的典型反思方法有（　　　）。

   A. 对话反思法　　　B. 总结反思法　　　C. 行动研究法　　　D. 课题反思法

2. 通过与他人的教学比较进行的教学反思是（　　　）。

   A. 横向教学反思　　B. 个体教学反思　　C. 纵向教学反思　　D. 集体教学反思

3. 教师将广泛收集并分析有关的经验，特别是关于自己活动的信息，以批判的眼光反观自身。这属于教学反思的（　　　）。

   A. 具体经验阶段　　B. 重新概括阶段　　C. 积极的验证阶段　　D. 观察与分析阶段

4. "旁观者清，当局者迷"，以旁人的眼光来审视自己的教学实践，能使自己对问题有更明确的认识，并获得解决问题的广泛途径，所以教学反思离不开（　　　）。

   A. 总结反思　　　　B. 集体反思　　　　C. 纵向反思　　　　D. 自我反思

5. 随着教学内容的展开，师生的思维发展及情感交流往往会因为一些偶发事件而产生瞬间灵感，这些"智慧的火花"常常是不由自主、突然而至的。所谓"智慧火花"是指（　　　）。

   A. 教学机智　　　　B. 学生创新　　　　C. 教学思维　　　　D. 教学规律

6. 根据 S-T 分析法，某教师一节课（45 分钟）讲授和演示的时间为 35 分钟，该教师的授课类型为（　　　）。

    A. 练习型　　　　　　B. 讲授型　　　　　　C. 对话型　　　　　　D. 混合型

二、多项选择题

1. 根据参照对象的不同可以把教学反思分为（　　　）。

    A. 横向教学反思　　　B. 个体教学反思　　C. 纵向教学反思　　　D. 集体教学反思

2. 下面属于集体反思法的是(　　　)。

    A. 总结反思　　　　　B. 对话反思　　　　　C. 闭门反思　　　　　D. 讨论反思

3. 以下内容属于对教学过程反思的是（　　　）。

    A. 回忆教学是怎样进行的　　　　　　B. 对教学目标的反思
    C. 对教学理论的反思　　　　　　　　D. 对学生的评价与反思

4. 以下内容属于对教学内容反思的是（　　　）。

    A. 确定教学目标的适用性　　　　　　B. 针对目标所采取的教学策略做出判断
    C. 对教学理论的反思　　　　　　　　D. 对学生的评价与反思

5. 以下内容属于教学后对教学策略反思的是（　　　）。

    A. 教师意识到教学中存在问题与自己密切相关
    B. 教师对自己的教学活动与倡导的理论、行为结果与期望进行比较，明确问题根源
    C. 教师要重审教学思想，寻求新策略
    D. 检验新思想、新策略、新方案是否更有效，形成新感知，发现新问题，开始新循环

6. 常用的总结反思法有（　　　）。

    A. 课后思　　　　　　B. 周后思　　　　　　C. 期中思　　　　　　D. 学期思

三、判断题

1. 教学反思就是对自己教学中做得不到之处的反省。（　　　）
2. 教学反思的目的是进一步提高教学质量和教学效果。（　　　）
3. 纵向反思是一种自我反思。（　　　）
4. 教学反思仅指对教学后针对教学内容、教学过程、教学策略的反思。（　　　）
5. 教学反思包括教学前反思、教学中反思、教学后反思，不同的阶段反思的内容不同。
    （　　　）
6. 行动研究是一种适应小范围内教育改革的探索性的研究方法，其目的不在于建立理论、归纳规律。（　　　）
7. 教育叙事，即讲有关教育的故事，写教育叙事时情节都是虚构的。（　　　）
8. S-T 分析法即 Student-Teacher 分析法，主要用于对教学过程的定性分析。（　　　）

第二部分　实训技能

项目四

校内单项实训

　　校内单项实训是教师在理论教学的基础上，为了提升学生的基本职业技能，在课堂教学中进行的单项实训。这些基本职业技能是学生在毕业后进入工作岗位中经常涉及的能力要求，如"应用文写作能力"、"演讲能力"、"沟通能力"、"规划能力"和"执行能力"等，本项目将指导教师如何对学生进行上述能力的训练。

任务一　应用文写作能力训练

□任务导读

　　应用文写作能力是中等职业学校学生所应具备的基本能力之一，也是中等职业学校教学过程内外对学生的重点训练内容，因此应用文写作的指导和训练便成为中等职业学校教师的基本技能。这一技能要求中等职业学校教师在掌握应用文写作要求和方法的基础上，能够根据中等职业学校学生的特征进行该项能力的指导和训练，使学生在今后进入工作岗位后能够较熟练进行应用文的写作和运用。

□学习目标

1. 了解应用文写作的指导与训练要求
2. 掌握应用文写作的训练方法与技巧

□实施指导

一、应用文写作能力训练的必要性

　　应用文是人们在生活、学习、工作中为处理实际事物而写作，有着实用性特点，并形成惯用格式的文章。应用文是人类在长期的社会实践活动中形成的一种文体，是人们传递信息、处理事务、交流感情的工具，有的应用文还用来作为凭证和依据。随着社会的发展，人们在工作和生活中的交往越来越频繁，事情也越来越复杂，因此应用文的功能也就越来越多了。对于中等职业学校学生来说，应用文写作能力是其步入工作岗位后必须具备的能力。为了使他们迅速适应岗位的需要，在学校的教学过程中就应该培养学生的写作能力。

二、应用文写作主要训练内容

要使学生学会写应用文并且能够写好应用文，除了要求他们掌握应用文写作的规范与技巧，即写作的内在思维与外在体例外，还要使他们具备基本的语言表达能力，即运用语言文字进行准确有效的表达。由于应用文的写作和工作业务密切相关，中等职业学校学生尚对实际业务不熟悉，这会影响他们对应用文的学习和掌握效果，因此就要求学生具有一定的知识容量与分析问题、解决问题的思维水平。因此，教师在对学生进行应用文写作指导与训练时，要考虑到在无法帮助学生充分熟悉未来工作业务的前提下，应主要通过写作素养的培养提升其写作能力，这些素养包括：基本的语言表达素养、分析问题与解决问题的素养、应用文写作规范与技巧的素养等。具体可以通过以下几种训练进行素养提升。

（1）基础语言表达能力训练。该项训练首先要求学生做到运用语言文字进行准确有效的表达，所谓准确有效就要求表达时不能出现错别字、标点符号使用要规范、用词要恰当、语法使用正确等。这种能力虽然在小学、初中教育阶段已得到初步训练，但对于中等职业学校学生来说，这些能力仍然是欠缺的。因此，教师在对这些学生进行指导与训练时，就不能仅仅关注规范与技巧，还应注重基础语言表达能力的训练。

（2）阅读分辨能力训练。应用文写作的学习方法之一就是要以例文为借鉴，要借鉴，就得有分辨文章好坏的能力。这种能力的训练需要教师引导学生对照写作规范技巧与文章进行比照，分析文章内在的逻辑思维结构、外在格式与语言风格等，并指出其优点与不足。学生如果不能分辨文章好坏，模仿写作也就没有实际意义，有时甚至是错误的重复而得不偿失。因此，教师在训练阅读分辨能力时，既要提供范文又要提供病文，同时也要交给学生阅读分辨的方法，从字句到篇章，从材料、主题结构与语言表达等多方面进行分析，从中发现问题。

（3）文章修改能力训练。在现实生活中，文学写作与应用写作无不是经过反复修改得来的，要让学生具有应用文写作的能力，首先就要要求学生具备对照相关理论对文章进行修改的能力。能找出文章的毛病只是具备了阅读分辨能力，还要知道该怎样修改，为什么要这样改而不是那样改。在应用文写作教学中，很多教师的惯用模式是，学生写，教师改，从字句到篇章，评语详尽，却忽视了对学生修改能力的培养。这样的写作也使学生没有压力，认为写不好教师就会给改，导致学生不认真写作，敷衍应付，而上交的低水平应用文又反过来给教师增加了批改难度，最终导致学生写作能力无法提升，失去训练意义。而如果发动学生自我批改或相互批改，然后教师对于其批改结果与批改能力进行考核，不但修改能力会得到锻炼，写作能力也会相应得到提升。

（4）分析与解决问题能力训练。在写作训练中，我们常常会发现不是学生的基础语言表达能力有问题，也不是规范与技巧掌握不够，而是分析问题与解决问题的能力欠缺。如一个给材料作文训练，某商场售货员与顾客发生了冲突，公司要求写一份情况报告，要求合理扩充材料，但面对材料，学生难以拓展，主要原因是缺乏分析问题与解决问题的能力，不能分析出双方冲突的根本原因，也无法提出解决处理的具体方案，这时只有教师带着学生一起分析问题，分析导致冲突的根源在售货员还是顾客，还是商场管理制度不健全，进而还可以提出相关问题的解决建议方案，这样才能据此写作相关的情况报告。因此，在写作实践中，教师应当渗透对学生分析问题与解决问题的能力训练。

三、应用文写作训练步骤

教师在实际训练学生进行应用文写作过程中，也可以按以下步骤实施。

（1）教学开始，先给学生一个写作任务，一般为生活中常见的、学生并不陌生的文体，学生认为很简单或者曾经写作的，如请假条、申请书等。这既是对学生学习需求的激发，也是了解学生学前基础的一个方法。通过这种练习，教师会发现学生在写作这些他们认为并没有难度的简单应用文时，也会出现很多问题，如格式不规范、语言不畅通、标点不准确等。在这种情况下，教师可以通过点评学生的文章指出问题，并把应用文写作意识进行渗透，建立学生学习应用文写作的需求。同时，教师也可以通过发现学生的能力水平准确定位教学重点与难点，把握教学深浅，进行有针对性的训练。

（2）在学生意识到自己的应用文写作水平后，如果立刻对学生进行写作训练，往往会导致学生无从下手，如果直接对学生进行写作指导，也会使学生感知不深。此时，教师可以借助病文对学生进行指导与训练，让学生对照病文接受理论讲解，然后指出病文中的问题并对此进行修改。病文既可以是学生之前写过的文章，也可以是别人写过的文章，这样做可以使学生掌握基本理论并加以运用，建立应用文写作的初步感知。

（3）对学生进行给材料作文和事实作文训练。应用文写作能力训练的最终目的是学生通过自主写作解决生活中的实际问题，但这需要循序渐进训练。先对学生进行给材料作文训练，给学生一段材料，然后提出解决问题的办法，并对文体、行文对象、写作要求进行规定，让学生进行写作。在此基础上，对学生进行事实作文训练，教师给定生活事件，让学生自主分析寻找解决办法，并对文体、行文对象等进行策划，甚至需要写多种文体的应用文，总之训练学生自主寻找并完成解决问题的各种方案。

□学习范例

根据该给材料应用文写作训练题目学习其训练指导的内容，并在实际教学中尝试应用该训练指导内容。

一、训练题目

今年 4 月 11 日，刘放的妻子带儿子小刚赴太原作客，下午游览迎泽公园时，因妻子疏忽，孩子走失，到处寻找未得。在电视台上播了则启事，星期天，市九中的金锋同学将孩子送回至家。

（1）模拟写则"寻人启事"。

（2）代金峰拟个电文，告知孩子他已收留，15号送回让放心。

（3）代失主写封感谢信和表扬信。

（4）以你班的名义拟写"关于学金峰，树新风活动"的倡议书。

二、训练指导

（1）启事是单位或个人向大家公开说明某些事情或请求人们协助办理时的应用文体。如寻人（物）、招领、征文（聘）等格式：①标题；②正文（目的、意义、内容、形式、要求、地点等）；③署名和日期。写"寻人启事"得考虑走失者的姓名、特点、年龄、籍贯、口音、身高体型特征、出走时间、地点、衣着、联系地址等。

（2）电报分四栏：①报头，由营业员填写。②收报人住址、姓名，住址只写省（市）县，具体的写到"收报人住址和姓名"栏方格中，每格一字，姓名后不写称呼。有"电报挂号"的只写"号码"（占一格）即可。③电文和署名。文中数目字应用阿拉伯数字。若住址固定，姓名对方知晓，可只写名字或某个字。④发报人姓名、地址、电话号，这是供电信局与发报人联系用的。金峰的电报，让对方知道孩子有人收留，不必担心，若自己亲自送就不必写地址、姓名了。

（3）感谢信和表扬信。感谢信是受到对方的帮助支持后向人家表示感谢的，表扬信是表扬先进事迹、思想风尚的。这两种书信都可张贴和登报，都要求把其原因（时间、地点、事情）交代清楚，再向对方表示深切的谢意或热情的赞扬。写法同一般书信，只是表扬信中若写单位的应建议"予以表扬"之类的话语。

代失主写这两封信，应明确写给谁看的（称谓）就可按要求去写了。

（4）倡议书是个人或团体乃至几个单位联合提出竞赛的倡议书。分四部分：①标题；②称谓；③正文，写倡议书的目的、意义及其具体内容要求等；④署名和日期。该倡议的写作应明确向全年级，或学校，或全社会提出倡议，即可完成。

□模拟实训

步骤一：选择一种应用文，以班级学生为对象，进行该应用文写作的基本理论指导。

步骤二：选择该类应用文的范文和病文各一篇，引导班级学生对照基本理论进行例文分析，找出各自的优缺点。

步骤三：根据所讲的基本理论，在分析总结例文的基础上，要求班级学生进行该类应用文的写作。

步骤四：向学生介绍该类应用文的评价要求与标准，引导学生按照标准进行自我评价。

步骤五：进行学生互评分组，根据分组进行学生之间的应用文互评。

步骤六：教师对自评和互评后所提交的应用文及其评价结果进行评价，并对各自的评价结果进行点评指导。

□工具使用

应用文写作评价表

	评价参考	学生自我评语	学生评价人评语	教师评语
格式	是否符合该类应用文格式要求			
内容	1. 内容是否完整 2. 内容是否与题目对应 3. 结构是否合理			
语言	1. 语句是否通顺 2. 表达是否准确 3. 表达是否清晰			
书写	1. 是否有错别字 2. 标点符号是否准确 3. 字迹是否清晰 4. 书写是否工整			
等级/分数				
教师对学生自评的意见				
教师对评价人的评价意见				

□知识巩固

一、多项选择题

1. 教师在对学生进行应用文写作指导与训练时,应主要通过写作素养的培养提升其写作能力, 这些素养包括（　　　　）。

　　A. 基本的语言表达素养　　　　　　　B. 分析问题与解决问题的素养

　　C. 应用文写作规范与技巧的素养　　　D. 应用文评价与修改的素养

2. 学生在写应用文时会出现的问题包括（　　　　）。

　　A. 格式不规范　　B. 语言不畅通　　　C. 标点不准确　　　　D. 文体不正确

二、判断题

1. 教师只需对学生进行应用文写作的指导与训练就可以,没有必要训练学生对应用文的评价与修改能力。（　　　）

2. 在学生意识到自己的应用文写作水平后,教师就应该立刻对学生进行写作训练。（　　　）

任务二　演讲能力训练

□任务导读

　　演讲是市场营销专业从业人员必不可少的技能，无论是在产品发布会的召开、各种促销活动等专业领域，还是在入职、年终总结、岗位晋升等基本职业生涯领域，都离不开演讲。作为一名市场营销专业的中等职业学校教师，如何通过课堂教学指导学生演讲、通过课堂训练提升学生的演讲能力，使得学生在迈出学校大门、步入社会的第一时间就掌握了演讲技能，是中等职业学校课堂教育过程中必不可少的环节。

□学习目标

1. 掌握演讲的指导方法
2. 掌握演讲的训练方法
3. 掌握演讲的评价方法

□实施指导

一、演讲能力训练的必要性

　　演讲又叫讲演或演说，是指在公众场所，以有声语言为主要手段，以体态语言为辅助手段，针对某个具体问题，鲜明、完整地发表自己的见解和主张，阐明事理或抒发情感，进行宣传鼓动的一种语言交际活动。满足以上条件的各种语言交际活动都被称为演讲，因此演讲是一种应用性很广泛的活动，是在任何工作岗位甚至生活中多种场合都需要进行的活动，这就使得演讲能力成为各种工作岗位人员所必备的能力。演讲能力一方面需要个人在学习生活过程中逐渐自我培养，另一方面更需要教师进行较专业的辅导和训练。因此，有必要在教学过程中训练中等职业学校学生的演讲能力，让学生无论在今后的工作岗位还是在个人生活中都敢讲、能讲、会讲。

二、演讲能力训练的步骤及要求

　　教师在指导学生演讲时，可按如下步骤实施，并遵循各步骤的要求进行。

（一）选题指导

在指导学生选题步骤中，可要求学生遵循三方面原则，第一为政治性原则，即选题不能违背国家政治法律法规要求，要积极正向，要有利于社会和谐发展；第二为技术性原则，即选题要具有一定的专业水平，不能过于肤浅；第三为艺术性原则，即选题要具有一定的吸引力，要从审美的角度进行考虑。在选题过程中，教师可以引导学生根据自己的兴趣自定题目，也可以给学生划定范畴，让学生从中选择。对于难以选定题目的学生，教师可以先给出一些题目供学生选择，再逐渐锻炼学生进行自主选题。

（二）提纲准备

演讲提纲是用提要或图表的方式列举出一篇演讲的观点和材料的组合与安排方式。作为演讲内容的概括，演讲提纲需要列出演讲内容的大致要点和关键词，并且要体现出清楚的脉络层次。拟定提纲的过程实质就是对演讲内容具体构思的过程。演讲提纲主要包括演讲题目、结构层次、论述要点、典型事例、引文材料等。教师可从以下几个方面对学生准备好的演讲提纲进行检查：是否具有标题、是否体现了中心论点和分论点、是否列出参考材料、演讲内容是否具有逻辑顺序。另外，为了保证学生在演讲的开头和结尾能够提升效果，也可鼓励学生在演讲提纲中体现出开头和结尾的表达方式。

（三）讲稿准备

在学生选定题目并由教师审核通过后，开始指导学生准备讲稿，讲稿是进行演讲的依据，是对演讲内容和形式的规范与提示。演讲稿主要包括开头、主体和结尾三个部分。这三个部分要分别满足如下特征：第一，开头要引人入胜，能够迅速吸引听众。它要求用最简洁的文字吸引听众的兴趣点，如获得听众的认同、出人意料的话语、激发思维的问题等，也可以鼓励学生通过悬念式、幽默式、抒情式等方式设计开头。第二，主体要密切围绕题目进行展开，行文要具有一定的逻辑性，要清楚地体现演讲者思路展开的步骤。为了使听众能够把握演讲者的逻辑层次，可建议采用"首先""其次""再次"等词语进行过渡。第三，结尾要简洁有力，给听众留下深刻印象，要么精神振奋，要么回味无穷，以诗文名言或者幽默俏皮的语言是可采纳的方式。

（四）PPT 展示准备

目前演讲者使用最普遍的多媒体就是 PPT，制作 PPT 的目的是辅助展示演讲者的演讲内容，并更好地吸引观众注意力。因此，教师在指导学生制作演讲 PPT 时要遵循以下几方面内容。第一，文字足够大，PPT 中的文字要能够让最后一排听众看清楚；第二，文字要精简，PPT 中只需要列出要点，而不是具体内容，且每张 PPT 的要点要少于 5个；第三，附属功能要少用，如翻页变化、动画、音效等，只需在十分必要的情况下才使用，否则会影响演讲的效果；第四，避免无效图片，演讲 PPT 上的图片是要对演讲内容起到辅助作用，与演讲的要点有关，而不是为了展示美观而设置图片，图片和表达的观点之间应有显著的联系。另外，教师应鼓励学生在准备 PPT 的同时还应进行纸质备份，以保证在多媒体出现故障而无法使用时，演讲能够照常进行。

（五）演讲练习

演讲之前的练习是保证演讲效果必不可少的环节，教师在指导学生进行演讲练习时应尽量按照正式演讲的要求执行，如时间限制、声音大小、肢体语言等都应按正式演讲要求进行练习。其中，时间限制问题是很多演讲者难以控制的，为了使学生在演讲时合理控制时间，教师在指导其练习过程中就应以分钟甚至以秒来进行控制，通过学生反复的计时练习来提升他们控制演讲时间的技能。对于肢体语言，教师可以训练学生如何上场、如何鞠躬、如何微笑等，在这方面也可以通过精确的标准来要求，如鞠躬的角度、微笑应露出几颗牙齿等。另外，在演讲练习训练时，教师应指导学生对演讲内容先熟练、后灵活，为了保证演讲内容的流畅性，可以先把准备好的演讲稿背下来，再进行提升效果的灵活性处理。另外，为了让学生在演讲练习过程中清楚了解自己的不足，教师应引导学生把演讲练习过程录成音频或视频，在回放中发现问题并及时改进。

（六）演讲展现

在按照正式演讲的标准进行演讲练习后，正式演讲展现和演讲练习的主要区别主要体现在仪表、环境适应性、情绪和心理状态上。仪表可在正式演讲展现前进行指导，包括如何选择着装和如何装扮等。为了让学生体验更具真实性的演讲环境，教师尽量选择教室以外的其他场地，如活动中心等，这样能够更真实反映演讲学生在新环境下的发挥效果，也为学生今后参加社会演讲活动奠定基础。在情绪和心理状态方面，主要反映学生的紧张程度和超常发挥的情况，可以通过演讲展现后的学生反馈进行指导。

（七）演讲评价

在学生进行演讲展现后，教师既要对学生的演讲进行口头点评，又要进行记录评分。在口头点评时可以从三个主要方面衡量。首先是演讲内容方面，如观点是否正确、材料是否真实、体会是否深入等；其次是演讲技巧方面，如文字语言表达、肢体语言表现、演讲风格等；最后是演讲效果方面，包括气氛调节、与听众互动情况等。在记录评分时主要依据指导过程中的要求进行，包括选题是否符合原则、内容是否具有逻辑性、开头和结尾是否精彩、辅助展示是否效果显著、肢体语言是否标准、时限是否达标等。除了教师对学生进行评价之外，还应训练学生进行互相评价，评价的标准仍然参考教师对学生的评价标准，为了鼓励学生积极评价，也要对学生的评价进行考核。

（八）演讲内容交付

在演讲各过程全部结束后，教师需要求学生交付指定内容，一方面是对学生进行最终评价，另一方面是进行材料备份以便于后续的教学研究。所交付的材料包括：演讲稿、演讲提纲、PPT 文件、演讲视频、学生互评的演讲评价表。

□学习范例

以下为某"优秀销售员工"演讲稿，阅读后从演讲内容的角度对该演讲稿进行评价。

尊敬的各位领导、同事、朋友：

你们好！

我是 2009 年 11 月入司的，算算到现在已经 3 年了，在公司也算是老员工了。这三年我见证了公司成长的风风雨雨，自身也在不断地变化着，成长着。

我刚入司时，公司刚开业 5 个月，只有十几家店面，月营业额只有几万元，有的单店营业额只有几千元。说实话，那时候，真没敢想过公司会有今天这样的规模：有 33 家连锁店，月销售收入达到近 200 万元。而且那时候我们在南京一没有知名度，二没有经验，只有一切靠自己：到处扒房源，打电话约房主客户，带看约看，到马路上散发传单，到小区去扫楼，跟小区保安套近乎捞房源，每天跑下来一身臭汗不说，还没什么效果，那时候，很多人坚持不下来，离开了，但也有人留了下来，因为当时我们都憋着一股劲儿：要做南京最有价值的不动产商，同时要为公司为自己创造财富。在这样的理想信念驱动下，我们坚持到了今天。

理想是什么？理想是人生的奋斗目标，是对美好未来的设想，也是人们前进的动力。我们都有自己的理想，有了理想，我们的生活才有方向，奋斗才有目标。人类有了理想，才使世界不断向前发展。实现理想，需要执行力。执行力包括行动和行动的能力。为了实现理想，我们要付诸行动，身体力行，如果不付诸行动，那就是幻想、空想和妄想。是在虚度光阴，浪费生命，因为时间就是生命。实现理想，还要借助软环境，那就是一个好的平台。它可以是你成功的铺垫，也可以是你成功的一个跳板，充分发挥光与热的舞台。为你展示自我才能，实现自身价值创造必备条件。

如今我们公司，×××有限公司，就是我们发挥自我才能的平台。我们企业的口号是：没有任何人、任何事能够阻挡我们。这句话让我们坚持到了现在，让我们从弱小走向壮大，从幼稚走向沉稳。我们一路走来，始终走着稳扎稳打的步伐，保持着敢想敢做的作风，开拓着南京市场。现在 1+2 联合不动产这个品牌已经逐步深入南京市民的内心，这离不开在公司工作的每一位同事、同仁的贡献，是由我们的优质服务与专业水平创造出来的。当然还有以往的工作前辈。

现在，公司正处在一个发展的阶段，在发展的过程中会有这样那样的问题产生，这是一个企业在发展过程中必须要经历的，面对问题，我们要积极地应对，去解决，去坚持。质变是要靠量变的积累的。

　　我们来到公司的目的无非有两个：第一是赚取更多的 Money；第二是锻炼提升自己的能力。我想，在座的每一位同事同仁，应该都有这两个目的，包括我本人。为了这两个目的，以及在公司同事间激励和融洽的工作氛围下，我工作到现在。

　　所以作为一名一线销售人员，对于公司，我个人想提出几点意见：第一，店面团队的稳定性问题要尽快解决，个别员工的提升是要在保证店面整体发力的前提下的。第二，在公司盈利的前提下，每年的年底，公司应该给予全年销售的优秀员工奖励，并通过各种渠道来表彰先进，激励员工。激励的力量是不可估量的，这会促使其他的员工更加努力地工作，也会激发全体员工的荣誉感。物质和精神的双满足，才会使我们与公司一起携手并进，实现双赢。我想，这也是大家的心声，全体销售员工的呼声。

　　在此我想送各位一段话，是世界伟大作家梭罗说的："我不知道有什么比一个人能下定决心改善他的生活能力更令人振奋了……要是一个人能充满信心地朝他理想的方向去做，下定决心过他所想过的生活，他就一定会得到意外的成功。"

　　最后，祝愿我们的公司业绩蒸蒸日上，创造一个又一个辉煌；也祝愿每一位同事同仁，在人生的理想道路上获得成功，走得更远。

□模拟实训

步骤一：教师介绍演讲课程总体目标及要求。

步骤二：教师介绍选题要求，学生进行选题准备。

步骤三：教师介绍演讲提纲准备要求，学生进行提纲准备，教师进行抽查点评。

步骤四：教师介绍演讲稿写作要求，学生进行演讲稿准备，教师进行抽查点评。

步骤五：教师介绍演讲展现要求及评价方法，学生进行课后演讲练习。

步骤六：组织演讲比赛，教师及学生分别进行评价。

步骤七：学生上交演讲课程全部作业，教师备案。

□工具使用

演讲评价表

评价项目	评价要点	得分
演讲内容（40分）	1. 主题鲜明（5分） 2. 内容充实，且紧密围绕主题（5分） 3. 观点正确、角度新颖（10分） 4. 材料真实、典型、新颖（5分） 5. 结构严谨、逻辑性强（10分） 6. 文字简练流畅（5分）	
演讲技巧（30分）	1. 发音标准、吐字清晰、声音洪亮（5分） 2. 语言表达流畅、自然（10分） 3. 语言生动形象，语气、语调、音量、节奏能够根据演讲内容富于变化（10分） 4. 演讲者能够准确地运用动作和表情表达演讲内容（5分）	

续表

评价项目	评价要点	得分
演讲效果（20分）	1. 演讲者着装朴素端庄大方，举止自然得体（5分） 2. 演讲者精神饱满，态度亲切（5分） 3. 演讲者具有感染力、吸引力和号召力，能够较好地调动观众，营造良好气氛（10分）	
演讲要求（10分）	1. 脱稿（5分） 2. 演讲在规定时间范围内前后不超过0.5分钟（5分）	

□知识巩固

一、判断题

1. 演讲只是在特殊工作岗位或生活场景中才需要具备的技能。（　　）
2. 为了保证演讲内容的流畅性，可以先把准备好的演讲稿背下来，再进行提升效果的灵活性处理。（　　）

二、多项选择题

1. 在指导学生进行演讲选题时，可要求学生遵循的原则有（　　）。
   A. 政治性原则　　　B. 技术性原则　　　C. 艺术性原则　　　D. 时代性原则
2. 在指导学生演讲时，教师可从以下几个方面对学生准备好的演讲提纲进行检查（　　）。
   A. 是否具有标题　　　　　　B. 是否体现了中心论点和分论点
   C. 是否列出参考材料　　　　D. 演讲内容是否具有逻辑顺序
3. 正式演讲展现和演讲练习的主要区别主要体现在（　　）。
   A. 仪表　　　　B. 环境适应性　　　　C. 情绪和心理状态　　　D. 熟练程度

三、简答题

1. 教师在指导学生制作演讲PPT时要遵循哪些方面的内容？
2. 教师在对学生的演讲进行口头点评时，可以从哪三个主要方面进行点评？

任务三　沟通能力训练

□任务导读

　　与人沟通能力是人类重要的特征之一，也是人们生存必要的社会能力。沟通能力作为职业核心能力之首，在职业发展中，人们花费10%～85%的工作时间在与人沟通。沟通能力作为中等职业学校学生所应掌握的最基本技能，其能力训练在中等职业学校教育中的地位是十分重要的。如何在有限的课堂教学和课外教育活动中进行沟通能力训练，是中等职业学校教师需要学习和研究的重要任务。良好的沟通能力训练既要求中等职业学校教师自身具有较强的沟通能力，也要求教师掌握沟通能力训练的方法和技巧。

□学习目标

1. 了解沟通能力训练要求
2. 掌握沟通能力训练方法

□实施指导

一、什么是沟通能力

沟通能力包含着表达能力、争辩能力、倾听能力和设计能力（形象设计、动作设计、环境设计）。沟通能力看起来是外在的东西，而实际上是个人素质的重要体现，它关系着一个人的知识、能力和品德。一般说来，沟通能力指沟通者所具备能胜任沟通工作的优良主观条件。简言之，沟通能力指一个人与他人有效地沟通信息的能力，包括外在技巧和内在动因。其中，恰如其分和沟通效益是人们判断沟通能力的基本尺度。恰如其分指沟通行为符合沟通情境和彼此相互关系的标准或期望；沟通效益则指沟通活动在功能上达到了预期的目标，或者满足了沟通者的需要。

二、如何训练沟通能力

教师在对学生的沟通能力训练上，既可以在各专业课程的课堂教学中进行渗透，也可以贯穿于课堂之外的培训和校内实践活动中。教师可以通过以下几个步骤训练学生的沟通能力。

（1）指引学生开列沟通情境和沟通对象清单。在这一步，教师要求学生思考并列出如下清单：首先，在哪些情境中与人沟通，如学校、家庭、工作单位、聚会及日常的各种与人打交道的情境；其次，需要与哪些人沟通，如朋友、父母、同学、配偶、亲戚、领导、邻居、陌生人等。开列清单的目的是使学生清楚自己的沟通范围和对象，以便全面地提高自己的沟通能力。

（2）指引学生评价自己的沟通状况。在这一步，教师要求学生问自己如下问题：对哪些情境的沟通感到愉快？对哪些情境的沟通感到有心理压力？最愿意与谁保持沟通？最不喜欢与谁沟通？是否经常感到自己的意思没有说清楚？是否常误解别人，事后才发觉自己错了？是否与朋友保持经常性联系？是否经常懒得给人写信或打电话？客观、认真地回答上述问题，有助于学生了解在哪些情境中、与哪些人的沟通状况最理想，在哪些情境中、与哪些人的沟通需要着力改善。

（3）指引学生评价自己的沟通方式。在这一步，教师要求学生问自己如下三个问题：

通常情况下，自己是主动与别人沟通还是被动沟通？在与别人沟通时，自己的注意力是否集中？在表达自己的意图时，信息是否充分？在学生完成上述步骤后，教师可以表达以下观点：主动沟通者与被动沟通者的沟通状况往往有明显差异，主动沟通者更容易与别人建立并维持广泛的人际关系，更可能在人际交往中获得成功。沟通时保持高度的注意力，有助于了解对方的心理状态，并能够较好地根据反馈来完成自己的沟通过程。没有人喜欢自己的谈话对象总是左顾右盼、心不在焉。在表达自己的意图时，一定要注意使自己被对方充分理解。沟通时的言语、动作等信息如果不充分，则不能明确地表达自己的意思；如果信息过多，出现冗余，也会引起信息接收方的不舒服。

（4）指引学生制订、执行沟通计划。通过前几个步骤，学生应该能够发现自己在哪些方面存在不足，从而确定在哪些方面重点改进。比如，沟通范围狭窄，则需要扩大沟通范围；忽略了与友人的联系，则需写信、打电话；沟通主动性不够，则需要积极主动地与人沟通等。这时，教师可以要求学生制订一个循序渐进的沟通计划，然后把自己的计划付诸行动，体现在具体的生活小事中。比如，觉得自己的沟通范围狭窄，主动性不够，可以规定自己每周与两个素不相识的人打招呼，具体如问路、谈天气等。教师在指导学生制订和执行计划时，要提醒学生不要提出太高的要求，要循序渐进地实现。

（5）指引学生对计划进行自我监督。这一步非常重要，教师可要求学生根据所制订计划的完成情况进行自我监督，如用日记、图表等记载自己的发展情况，并评价与分析自己的感受。当完成了一个计划时，可以通过奖励的方式对自己进行鼓励，这样有助于巩固阶段性成果。如果没有完成计划，就需要采取一些惩罚措施，这样有助于保证计划的顺利实施。

三、沟通能力训练方式

在训练方式选择上，教师可以通过以下几种方式训练学生的沟通能力。

（1）信息理解训练。领会对方的意图是沟通的首要步骤，正确领会对方的意图则需要通过信息理解能力训练进行提升。教师可以循序渐进地对学生的信息理解能力进行训练，先从简单的信息入手，通过信息传达要求学生回答简单问题，再逐渐增加信息的难度，让学生反馈所传达的内容。教师在训练过程中要不断进行评价，让学生清楚地了解自己的理解能力提升的过程。

（2）信息表达训练。信息表达是沟通的主要过程，也是影响沟通效果的主要部分。在该项训练中，教师可以通过给定主题的信息表达和无主题的信息表达两种方式进行训练。给定主题的信息表达是教师要求学生根据指定的主题表达自己的想法，如主题演讲、给定话题的即兴发言等；无主题的信息表达是教师要求学生通过特定的形式进行自拟主题的信息表达，如自拟题目的演讲、无主题发言等。在评价过程中，给定主题的信息表达可以通过事先制定的评价标准进行评价，如表达内容与主题的关系等；无主题的信息表达可以通过被表达对象的反馈进行评价，如表达内容是否具有吸引力等。

（3）有主题讨论。有主题讨论是在信息理解训练和信息表达训练基础上的一种双向沟通的能力训练，主要训练学生在理解他人观点、表达自己观点的同时，如何将双方或多方的不同观点进行协调、融合，最终形成系统性结论的过程。该项训练既锻炼学生的语言沟通能力，也锻炼学生的协调合作能力。教师可以通过分组的形式进行训练，给各小组指定的主题，要求小组成员在限定的时间内完成讨论并得出结果。在小组成员讨论过程中，教师进行密切观测并随时记录，明确组中各成员的不同作用及其表现情况，并在讨论结束后进行点评，必要时辅以视频记录，让学生清楚地了解自己在讨论过程中的状态。

（4）有主题辩论。有主题辩论是在有主题讨论的基础上，训练学生的思辨能力和反应能力。该项训练要求学生除了具有语言表达能力之外，还要具有严密的逻辑思维和严谨的语言控制力。教师可以将学生分成若干个小组，选择其中两个小组组成正反两队，给定具有可辨性的主题后，要求学生根据辩论的要求进行辩论。在辩论过程中，教师进行观测并记录。在辩论结束后，教师进行点评，点评也可以通过学生自评和学生互评的方式进行。

（5）无主题交流。无主题交流是一种看似简单但要求学生综合沟通能力的一种训练方式，该项交流在日常生活中十分常见，也能反映出个人的综合素质。教师可以选择两位或更多同学进行训练，在训练过程中，教师不给定主题，让学生随意交流，在交流过程中，教师进行观测并记录。教师可以从以下几方面进行观测：交流的主动方与被动方、交流主题的提出方与回应方、交流主题的多样化与逻辑性、交流氛围的维护状态等，再通过点评对该项训练进行总结，让学生清楚自己的交流优势与不足。

□学习范例

沟通中最大的问题是异议，比较以下两种处理异议的沟通方式，引导学生对两组沟通内容进行评价，学习并练习较理想的处理异议的沟通方式，要求学生在沟通练习后谈体会。

对话一

客户：我们这段时间工作很忙，恐怕抽不出这么多时间来上课。

销售代表：三天的时间其实并不多，相当于在不到两个月的时间里面每天您仅仅抽出20分钟而已，但我想其实我们每天浪费的时间可能远远不止20分钟吧。而您通过课程所掌握的新的技巧和资讯，却将会帮您得到数倍甚至数十倍于课程投资的价值，难道不是很值吗？

客户：道理确实如此。不过，我感觉你们的价格很贵。

销售代表：是的，在商业社会，追求价格是必须的。同时我想，你想要的并不只是最便宜的价格吧。其实多数人在投资的时候认为三件事是最重要的：①最好的品质；②最好的服务；③最低的价格。到现在我还没发现在哪个公司能同时提供最好的质量、最好的服务和最低的价格。我很想知道，你认为相比起来，哪个条件您愿意放弃？是质量、服务品质，还是便宜的价格？

客户：有道理，但我不确定你们的课程是否真的有效果。

销售代表：……

对话二

客户：我们这段时间工作很忙，恐怕抽不出这么多时间来上课。

销售代表：我能够理解您，那么假如课程是免费的，你认为值得大家来学习吗？

客户：如果免费当然好。

销售代表：那么也就是说，其实时间并不是真正的问题对吗？

客户：可以这么说吧。但是我觉得你们的价格很贵。

销售代表：没错，很多人刚开始也这样认为。那么假如价格让您觉得合理的话，您认为可以决定吗？

客户：这个……不过我不清楚你们的课程究竟效果如何？

销售代表：是这样啊，能看出您是一位很负责的主管。那么假如课程能达到你们希望的效果，你认为可以决定下来吗？

客户：假如真的能达到你说的效果，我认为可以参加。

销售代表：好的，看来我还没有讲明白，我们看看如何能达到这些效果好吗？

客户：好。

□模拟实训

以下实训步骤可选择一个或几个进行训练。

步骤一：教师向全体学生传达一段信息，让学生理解其中的意图，教师对学生的理解进行评价。

步骤二：教师向指定学生传达一段信息，让其将此信息传达给其他学生，教师对传达结果进行评价。

步骤三：教师给定主题，让学生以组为单位进行讨论，教师对讨论结果进行评价。

步骤四：教师给定主题，选择两组学生进行辩论，教师对辩论结果进行评价。

步骤五：教师指定两名或多名学生进行无主题交流，对交流结果进行评价。

□工具使用

小组讨论成员测评表

姓名：

测评要素	分值	得分
发言主动性	5	
组织协调能力	10	
口头表达能力	15	
影响力	15	
观点正确性	15	
亲和力	10	
自信程度	5	
责任心	5	
情绪稳定性	10	
反应灵活性	10	
总分	100	

□知识巩固

一、单项选择题

1. 沟通能力训练的首要训练步骤是（　　　）。
   A. 信息理解训练　　　　　　B. 信息表达训练
   C. 有主题讨论　　　　　　　D. 无主题交流
2. 学生根据指定的主题表达自己想法这种信息表达方式不包括以下哪项内容（　　　）。
   A. 主题演讲　　　　　　　　B. 自拟题目演讲
   C. 给定话题的即兴发言　　　D. 主题讨论中的发言

二、判断题

1. 在信息表达训练中，教师可以通过给定主题的信息表达和无主题的信息表达两种方式进行训练。（　　　）
2. 沟通能力指沟通者所具备能胜任沟通工作的优良客观条件。（　　　）

三、简答题

1. 教师可以通过哪些步骤训练学生的沟通能力？
2. 教师可以通过哪几种方式训练学生的沟通能力？

任务四　规划与执行能力训练

□任务导读

　　规划与执行能力是在任何工作岗位甚至是日常生活中必不可少的能力，也是很多人由于缺乏而任务失败的主要原因之一。而如此重要的能力在学校的教育过程中必须被足够重视，尤其是中等职业学校，这些学生在毕业后首先面临的是去完成各种上级安排下来的任务，在执行任务过程中，一定也会面临不同层面的任务规划，即使不在工作中进行规划，也会规划自己的职业生涯或者生活任务等。因此，中等职业学校教师必须重视对学生规划与执行能力的培养和训练，才能使学生在今后的工作和生活中迅速进入角色。

□学习目标

1. 了解规划与执行能力的指导及训练要求
2. 掌握规划与执行能力的训练方法

□**实施指导**

一、规划能力的含义及其训练

这里所讲的规划能力，主要是与个人的工作和生活密切相关的对目标的设定及如何实现目标的一种简单设计能力，是一种较低级层面的规划。根据任务规划的步骤，教师可以从以下几个方面对学生的规划能力进行指导与训练。

（1）目标规划训练。目标规划是规划工作的第一步，在该项训练中，教师首先要对学生进行设定目标的指导，教师可参照 SMART 原则，引导学生在设定目标时要使目标具有明确性（specific），即要求详尽具体；可衡量性（measurable），即要求能够用定量等方式衡量；可达到性（attainable），即要求目标难度适宜；相关性（relevant），即要求与其他目标相关；时限性（time-based），即要求具有完成期限。在进行目标设定指导后，教师可以利用"目标规划-执行情况 SMART 表"要求学生进行给定任务的目标设定练习，这种练习可以是学习中的目标，也可以是生活中的目标。

（2）时间及人员规划训练。在进行目标规划后，就要能够根据目标要求进行具体任务的规划，而时间和人员的安排是任务规划的基础。教师在进行时间规划指导时，要告知学生如何确定时间段和时间点，时间段的确定应根据任务的难易程度具有伸缩性，时间点的确定应详细具体。在时间规划指导过程中，教师可以将甘特图作为工具向学生介绍。教师在进行人员规划指导时，应引导学生根据每项任务的难易程度进行人员安排，并根据各成员的优势与劣势进行灵活安排。在进行上述指导后，教师需要求学生根据前面设定的目标进行具体任务的时间与人员规划练习。如果设定的目标是个人目标，则要求学生进行时间规划练习；如果设定的目标是集体目标，则要求学生进行时间和人员规划的双重练习。

（3）实现方法与步骤规划训练。实现方法、步骤的规划与时间、人员的规划是密切联系的，教师可以将这两步进行联合指导与训练，即不同的实现方法由不同的人员分工进行，不同的步骤在各自的时间规划内完成。

（4）实现保障规划训练。在以上规划完成后，还要求学生能够对所规划的内容设计保障措施。在这一步，教师可以先向学生介绍几种保障措施，如监督、奖励与惩罚等，再引导学生分析每种保障措施适合于哪种具体任务特征。在实现保障规划指导与训练过程中，教师应提醒学生注意所选保障措施的可行性。

（5）规划书写作训练。在指导和训练学生完成规划后，要求学生写好规划书是非常重要的，规划书不仅是以上工作结果的具体呈现，也是后续执行的参考依据。教师在指导学生写规划书时，除了像应用文要求一样，要从内容和格式上达到要求外，还应结合所规划任务的特征，体现出专业性水平。规划书的基本结构主要包含上述目标规划、时间及人员规划、方法与步骤规划、保障措施规划几部分，完整的规划书是建立在充分调研基础上的，所要求的规划理念和思路都是以调研为前提的，且要具有纲领性。教师在该项训练过程中，可以先要求学生进行简单规划书的写作，即只包含上述几项规划内容。

二、执行能力的含义及其训练

执行能力简称执行力，是指有效利用资源、保质保量达成目标的能力，这一概念源于管理领域。执行力包含完成任务的意愿、完成任务的能力、完成任务的程度。执行能力主要分为个人执行能力和团队执行能力，个人执行能力是指单个的人把上级的命令和想法变成行动，把行动变成结果，从而保质保量完成任务的能力，对个人而言执行力就是办事能力；团队执行能力是指一个团队把战略决策持续转化成结果的满意度、精确度、速度，它是一项系统工程，表现出来的就是整个团队的战斗力、竞争力和凝聚力。无论是个人执行能力，还是团队执行能力，都是一个中等职业学校学生在步入工作岗位后必须具备的能力，因此这种能力必须在学校教学中进行培养和训练。

根据完成任务的一般步骤，教师可以从以下几个方面对学生的执行能力进行指导与训练。

（1）解读命令训练。正确解读命令是决定执行结果的首要步骤，很多人虽然执行力很强，但对命令解读有误而导致执行结果与目标不一致，因此，教师在训练学生执行力过程中，首先要训练学生解读命令的能力。导致命令解读有误的原因在于两个方面：一方面是命令下达者的表达含糊或过于简单，这种情况需要接受命令者再次详细询问命令的具体执行要求；另一方面是接受命令者的理解出现偏差，这种情况需要接受命令者将自己的理解反馈给命令下达方以再次确认。针对以上两种情况，教师在训练学生的过程中可通过模拟下达命令进行练习，训练学生对命令进行仔细询问或反馈确认以保证准确解读的目的。

（2）任务执行训练。无论是自己规划的任务还是别人下达的命令，在目标已经非常清晰的情况下，执行是件比较容易的事情，但执行者个人因素往往也会导致执行结果与目标的偏差，这种由个人因素而导致的偏差体现在能力和意愿两个方面。其中，能力方面体现为对命令正确解读后再次出现理解错误或者无法完成某项任务等；在意愿方面体现为不愿意去完成该项任务。除了执行者个人因素外，还有一些外在的阻碍影响任务的执行结果。针对上述情况，教师在训练学生过程中，应从意志力、灵活性、应变性等方面有所突出。训练学生完成任务的耐心与决心、执行任务过程中的规范性与灵活性、遇到困难时的解决能力等。

（3）结果汇报训练。任务的执行结果有的是能够直接显现的，有的是需要进行汇报的。对于需要汇报的执行结果，无论任务执行过程多么困难、复杂，或者任务执行者做了多少努力，命令下达方只会注重所汇报的任务结果。因此，对于这类任务，教师需要注重执行结果汇报的指导与训练。在指导过程中，教师可以向学生介绍汇报过程中应突出的重点内容、汇报的形式、汇报的技巧等，如汇报时需要重点强调命令执行结果与目标的比较、遇到的困难与解决对策等，而不是执行过程的细述。在训练过程中，教师可以让学生对所下达指令的完成情况进行汇报，教师再对汇报的结果进行点评与讲解。

□**学习范例**

一、规划能力训练范例

教师引导学生根据规划能力指导要求对以下案例进行评价。

　　某公司（甲方）投诉率不断上升，向第三方咨询公司（乙方）提出请求，要求帮助解决投诉率上升的问题。以下是该公司在调研后对这项任务的规划。

　　目标：①投诉率下降；②客户满意度上升；③服务管理水平提升。

　　实施思路：从"投诉预防"、"投诉拦截"和"投诉解决"三个过程进行改进。

　　时间规划：

任务＼周	1	2	3	4	5	6	7	8	9
调研	■	■							
集中培训			■	■	■				
分别指导						■	■	■	
总结评价									■

　　人员规划：项目总监 1 人（总体监控）；项目经理 1 人（全程管理）；培训人员 3 人（集中培训，每人一周）；督导 10 人（三周分组同步进行）。

　　保障措施：①项目总监对项目进行全程监控；②成员每天向项目经理汇报工作完成情况；③项目经理每周向项目总监汇报工作结果；④项目经理每周向甲方公司进行周汇报。

二、执行能力训练范例

　　通过以下案例，教师引导学生分析老板和员工在任务布置和任务执行方面各自的优缺点。教师也可以利用该案例引导学生站在员工的角度进行任务再次询问与反馈确认的练习。

买复印纸的困惑

　　老板叫一员工去买复印纸。员工就去了，买了三张复印纸回来。老板大叫，三张复印纸，怎么够，我至少要三摞。员工第二天就去买了三摞复印纸回来。老板一看，又叫了，你怎么买了 B5 的，我要的是 A4 的。员工过了几天，买了三摞 A4 的复印纸回来，老板骂道：怎么买了一个星期，才买好？员工回：你又没有说什么时候要。一个买复印纸的小事，员工跑了三趟，老板气了三次。老板会摇头叹道，员工执行力太差了！员工心里会说，老板能力欠缺，连个任务都交代不清楚，只会支使下属白忙活！

引导分析：

1. 如果你是老板，你会怎样向下属布置任务？
2. 如果你是员工，你会怎样处理上级的命令？

□模拟实训

一、规划能力实训

步骤一：以班级学生为对象，向学生介绍任务规划的要求、方法及规划书的内容。

步骤二：要求学生规划一次关于"某产品价格合理性"的市场调研工作，并写出规划书。

步骤三：教师对学生提交的规划书进行点评。

二、执行能力实训

步骤一：以班级学生为对象，向学生介绍任务执行的要求和方法。

步骤二：选择"规划能力实训"中的一份较优秀的规划书，要求学生按此规划书进行任务执行，并将执行结果进行汇报。

步骤三：根据学生的汇报情况，对学生的任务执行结果和任务汇报表现进行点评。

□工具使用

目标规划-执行情况 SMART 表（任务范畴供参考）

制定者：			制定时间：		
任务范畴	分项目标	行动计划	开始时间	结束时间	成果检定
学习成长					
工作事业					
人际关系					
身心健康					
……					

□知识巩固

一、单项选择题

1. 规划工作的第一步为（　　）。

　A. 目标规划　　　　B. 时间规划　　　　C. 人员规划　　　　D. 费用规划

2. 单个的人把上级的命令和想法变成行动，把行动变成结果，从而保质保量完成任务的能力称为（　　）。

A. 个人规划能力　　　　　B. 团队规划能力

C. 个人执行能力　　　　　D. 团队执行能力

二、多项选择题

1. 根据完成任务的一般步骤,教师可以从以下几个方面对学生的执行能力进行指导与训练（　　　）。

A. 解读命令训练　　　　　B. 任务执行训练

C. 结果汇报训练　　　　　D. 执行结果评价训练

2. 执行能力包含的内容有（　　　）。

A. 完成任务的意愿　　　　B. 完成任务的能力

C. 完成任务的程度　　　　D. 完成任务的水平

三、判断题

1. 教师在指导学生写规划书时,只要像应用文要求一样,从内容和格式上达到要求即可。（　　　）

2. 无论是个人执行能力,还是团队执行能力,都是一个中等职业学校学生在步入工作岗位后必须具备的能力。（　　　）

四、简答题

1. 根据任务规划的步骤,教师可以从哪几个方面对学生的规划能力进行指导与训练?

2. 教师对学生进行设定目标的指导时可参照的 SMART 原则包括哪些内容?

项目五

校内综合实训

综合实训教学任务是根据教学进程和教学实训的要求通过设计典型的营销工作任务，有计划地组织实训教学。专业教师要做好设计实训项目、选择实训教学方法、实训管控、实训效果评价四个方面的教学工作，让学生在校内借助实训活动，灵活运用已有的理论知识，在体验职业角色的过程中，培养实践技能，体验营销岗位的职业要求，积累职业意识和提升职业道德，并且要注重培养学生的团队合作、人际沟通、责任意识、心理健康、应急应变能力、文字语言表达等方面的能力，为从事营销工作奠定基础。

任务一　认识与设计实训教学

□任务导读

实训教学是中等职业学校培养学生专业技能的重要的教学工作。作为市场营销专业的教师，结合学生的性格特点，在实训项目的设计上，要做好充分的准备。一方面能落实专业理论知识，另一方面能培养专业技能。体现"做中教、做中学"的教学理念，将现有的教学资源进行整合，实现预期的实训教学的目的。

□学习目标

1. 根据学生性格特点、学习习惯和教学目标设计实训项目
2. 掌握并运用设计实训项目的方法

□实施指导

一、认识实训教学

实训教学是指通过模拟实际工作环境，教学采用来自真实工作项目的实际案例，教学过程理论结合实践，更强调学生的参与式学习，能够在最短的时间内使学生在专业技能、实践经验、工作方法、团队合作等方面提高。实训的最终目的是全面提高学生的职业素质，最终达到学生满意就业、企业满意用人的目的。

实训教学有如下几种分类方式：从时空上分，有校内实训和校外实训，包括教学见习、教学实训和生产实训；从形式上分，有技能鉴定达标实训和岗位素质达标实训，包括通用技能实训和专项技能实训；从内容上分，有动手操作技能实训和心智技能实训，包括综合素质要求实训；从程度上分，有单项实训和综合实训；从结构上分，有岗位训练、过程训练、项目/任务训练、仿真训练等模式。

本项目主要针对校内实训教学，校内的实训教学主要分为虚拟实训和模拟实训两类。虚拟实训是指运用计算机网络，在虚拟环境下完成具体的工作任务的过程。这类实践教学通常在需要大量耗材或昂贵的训练器材才能完成技能训练，而实际的教学资源又难以满足教学要求时运用，如飞机驾驶等，有重要意义。模拟实训是在模拟的工作环境中完成具体的工作任务的过程，如角色扮演这种典型的模拟实训方法。与虚拟实训相比，模拟实训的意义在于能使学生在更加真空的环境中进行实训的动手操作，而不是操纵计算机来实现操作。在这类实践教学中，教学的目的不一定是合格的"产品"，而在于这一"产品"的形成过程，旨在使学生体验工作的过程，训练操作的技能与技巧，从而形成特定任务下的心智与行为习惯。如果校内实训基地承接实际的工作业务，则模拟实训可转化为实操教学。

对中等职业学校学生进行校内实训是为了让他们接触实际工作，积累感性知识，使理论与实际相结合，增强群众观念、劳动观念、事业心、责任感。同时可以学习有关的管理知识，巩固所学理论，获取本专业的实际知识，培养初步的实际工作能力和专业技能。

二、设计实训项目

对于校内综合实训教学来说，实训项目的设计非常重要，项目设计的好坏对教学效果有很大影响，因此必须把项目设计为一个独立的环节。

（一）项目的类型

1. 封闭项目和开放项目

封闭项目指有明确的目标，要求按照严格的操作程序与要求进行操作，需要相对确定的知识的项目。职业教育面向的是具体职业，这些职业的工作过程往往比较确定，且有比较明确的要求，因此职业教育的项目多数属于封闭项目。学习这些项目，获得确定的职业能力，是个体顺利进入相应岗位的基本前提。

但是，随着技术发展、社会转型与企业组织模式的变化，现代职业的工作过程的自由度越来越大，所需要的知识的可迁移度越来越高，职业教育的任务和性质已发生了根本变化，现代职业教育不仅要求培养能完成既定工作任务的人，更要求培养能改进和提高工作过程，能主动地、弹性地、负责任地完成工作任务的人。项目还应当针对专业特点开发开放项目。所谓开放项目，即需要学生自己确定目标，通过查阅资料或小组讨论自己设计工作过程的项目。

2. 单项项目与综合项目

单项项目指围绕着局部工作任务所设计的项目，其功能是使学生掌握该专业的基本知识与技能，并发展单向职业能力；综合项目指围绕着完整工作过程所设计的项目，其功能是培养学生综合职业能力，并学习提升专业知识与技能。学生学习是一个从简单到复杂、从局部到整体、从具体到抽象的过程。在学习的初始阶段，围绕着局部工作任务设计单向项目，有利于学生牢固掌握工作过程的各个环节，为发展整体职业能力奠定基础。到了学习后期，当学生基本掌握了各个工作环节后，就有必要围绕整个工作过程设计若干个综合项目，使学生能把握完整的工作过程，获得整体职业能力。

3. 模拟项目与真实项目

模拟项目指为了满足特定课程内容学习的需要，模拟实际项目所设计的学习项目。模拟项目可以对应实际项目，也可综合多个实际项目。模拟项目虽然缺乏真实感，但它来源于真实项目却又高于真实限度，能充分满足课程实施的需要，因而在项目课程设计中是非常必需的。模拟项目可在真实设备、设施中实施，也可在模拟设备、设施中实施。一些为项目课程所设计的模拟设备，由于综合了多种技术，能同时满足多种项目学习的需要，不仅能节约资源，而且非常便于教学。

真实项目指直接来源于企业的实际加工或服务项目。模拟项目"学校色彩"很浓，缺乏真实的"企业感"。这种项目对于基本能力的训练是必要的，但在学生实际能力训练中的缺陷也很明显。而真实项目有利于学生获得对企业产品技术标准的体验、对"工作压力"的体验等，这些是模仿项目无法具备的功能，因此项目课程改革必须大量开发来自企业的真实项目。这些项目课程开发中难度比较大，却非常有活力并充满特色。

（二）项目的序化

项目课以项目为单位组织教学，而学生的学习要按照某种顺序展开，因此项目设计中有一个重要环节，即如何对项目进行序化。项目与任务的对接模式，已为我们对项目进行序化提供了思路，为了更好地在设计中对项目进行序化，有必要构建项目序化的基本模式。

一般地说，项目序化有以下三种基本模式。

（1）递进式。这些项目是按照难易程度由低到高排列的。

（2）并列式。这些项目之间既不存在复杂程度差别，也不存在明显的相互依存关系，而是按照横向的并列关系排列的。

（3）流程式。这些项目是按照前后工序关系依次编排的。

当然，这里所提供的知识项目序化的基本模式，在项目课程开发中，需要结合市场营销专业的具体内容，找到课程所特有的的项目序化的逻辑，使之构成严密的项目体系。而这是一项创造性非常强的工作，是项目课程实际水平得以体现的关键所在，项目课程开发中应当把项目的选择与序化作为一个独立的环节进行研究。

（三）项目的设计要求

设计项目时应充分考虑以下要求。

（1）便于学校提供真实的实训教学环境。教师在实训项目设计的过程中，首先要考虑学校的实训教学环境的资源。便于师生能充分利用学校安排、布置的实训场所，借助学校为学生提供的使用的装备、工具等条件，让学生在感受尽可能贴近真实的职业环境里，完成实训教学项目。例如，在"市场营销基础"这一学科中，"促销策略"的教学内容是中等职业学校学生在营销岗位中广泛应用的教学内容。其中，四种促销方式——人员推销、公共关系、营业推广和广告宣传的知识，兼并理论性和应用性的特点。作为营销专业的教师不仅要求学生掌握，更要求学生能够将这一内容学以致用。不同的促销方式，需要设计不同的实训项目，对于实训教学环境提出不同的要求。教学环境是否能够提供完成教学目标的条件是教师在实训教学备课重点考虑的内容。

（2）便于实现教学目标。实训项目的设计是在教学目标指导的基础上完成的。教学目标就是课堂教学过程中的教与学的互动目标。新课程倡导的课堂教学目标有三个维度：知识与技能目标，过程与方法目标，情感、态度与价值观目标。作为营销专业的授课教师，要对所教授的学生的学情进行合理、客观、有效的分析，同时结合实训教学所运用的理论知识，确定每次实训教学的教学目标，以此设计实训教学的内容和项目。例如，为了实现培养学生对敏感事物的观察能力和宣传能力的实训教学目标，充分利用校内实训教学环境和条件，设计"校园模拟宣传"的实训教学项目。

（3）实训项目要由简入难、循序渐进。教师在设计实训项目的过程中，要结合学生的自主学习和完成项目的能力。大多数的中等职业学校学生文化基础较为薄弱，考虑问题比较单一，逻辑思维不够敏捷，但是他们敢于挑战，善于表达，表现力较强，因此营销专业的教师要在项目的设计过程中，考虑学生的自身条件、项目难度由浅入深地设计，由"单一"到"综合"地过渡，激发学生学习的兴趣，充分调动学生的参与积极性。

（4）实训项目要能够培养学生的团队合作意识。因为学生成长的社会、家庭环境的影响，绝大部分的学生以自我为中心，我行我素，不会与人沟通和交流。这些正是在未来的营销工作岗位上最有影响发展的不足之处。所以作为营销专业的教学教师，要及时收集社会企业对营销岗位人才的要求和标准，在日常的教学过程中，对学生要有针对性地培养。特别是在营销实训项目的过程中，设计有团队合作的项目，如小组合作、头脑风暴等合作形式，激发学生创新思维的同时，彼此优势互补，培养和提升学生的团队合作的意识。

□学习范例

市场调查是"市场营销基础"的重要学习内容之一。作为未来的营销工作人员，要具备较全面地调查市场的工作能力。中等职业学校教师要善于整合教学资源，寻找与市场有关的最新的调查项目，组织学生开展调查问卷的设计、发放、回收、整理等工作，从而培养学生调查市场的综合素质和能力。

手机产品的市场调查问卷

您好，我是××学校的学生，为了解手机市场的现状，完善手机功能及服务，我们进行了此次问卷调查。您只要勾选符合的选项或者根据自身情况如实填写，这个过程只需要 3～5 分钟，资料的内容我们将完全保密，非常感谢您参与我们的调查，谢谢您的支持与合作。

1. 您的性别：

男☐ 女☐

2. 您的年龄：

10～20 岁☐ 20～30 岁☐ 30～40 岁☐ 40 岁以上☐

3. 您的职业是：

学生☐ 上班族☐ 个体户☐ 自由职业者☐ 其他☐

4. 您的月收入：

2000 元以下☐ 2000～3500 元☐ 3500～5000 元☐ 5000 元以上☐

5. 您认为手机在您生活中的重要性是：

非常不重要☐ 不重要☐ 一般重要☐ 重要☐ 非常重要☐

6. 您能接受的手机价位是：

1000 元以下☐ 1000～2000 元☐ 2000～3000 元☐ 3000 元以上☐

7. 您通过什么渠道了解新上市的手机？（可多选）

电视☐ 报纸☐ 宣传单☐ 网络☐ 朋友☐ 卖场海报☐ 宣传活动☐ 其他☐

8. 您更换手机的频率是：

1 年内☐ 1～3 年☐ 3 年以上☐ 用坏才换☐

9. 您更换手机的原因是：（可多选）

质量等出现问题☐ 外观出现磨损、掉色☐

样式陈旧 ☐ 功能太少☐ 追求时尚☐ 其他☐

10. 您喜欢的手机颜色是：（可多选）

红☐ 橙☐ 黄☐ 绿☐ 蓝☐ 紫☐ 黑☐ 白☐ 灰☐ 金☐ 银☐

11. 您喜欢的设计风格是：

小巧玲珑☐ 时尚前卫☐ 简约硬朗☐ 其他☐

12. 您更喜欢哪种设计类型的手机：

直板☐ 滑盖（旋盖）☐ 翻盖☐ 无所谓☐

13. 您认为手机外壳哪种最好看？

金属☐ 皮革☐ 塑料 ☐ 其他 ☐

14. 你喜欢的按键材质：

金属☐ 透明塑料☐ 非透明塑料☐ 软塑胶☐

15. 您选择手机时最看重的是：

外观时尚☐ 质量过硬☐ 功能强大☐ 价格便宜☐ 售后服务好☐

16. 您对于多功能于一身的手机的看法是：

没用☐ 功能越多越好☐ 无所谓☐

17. 手机的附加功能哪些对您实用？（多选）

音乐功能 □ 拍照、摄像□ 多媒体视频□ 上网□ 游戏□ 蓝牙□ GPS□
18. 您愿意选择的手机类型是:
智能手机□ 音乐手机□ 拍照手机□ 游戏手机□ 普通手机□
19. 您购买手机时选择的场所是:
专卖店□ 大卖场□ 商场□ 移动、联通公司□ 网上购买□
20. 如果你现在要买手机，您会买哪款手机？为什么？
谢谢您的支持和合作！

　　教师带领学生共同分析这份市场调查问卷，并说明这份问卷的问题，包括：①在结构设计上是不完整的。缺少开头部分里的填写说明和问卷编号的内容，这样被访者在填写的过程中会出现疑问，在后期数据统计和整理上也增加不必要的麻烦。②对被访者的信息的收集一般放在调查问卷的后面。对被访者的信息问题设计得较少。③结束语一方面要向被调查者表示感谢，另一方面征询被调查者对问卷设计的建议。在这份问卷中，只有感谢没有建议。

□模拟实训

　　（1）某企业要投资经营中式快餐店，但当地中西式快餐店的数量较多，为了迎合当地消费者的口味，进行市场调查。请教师根据案例背景设计实训教学项目。（提示：根据你所在地区的中西式快餐消费的种类、价位组织学生设计一份调查问卷。选择一份优秀的调查问卷进行印刷，选择合适的调查方法，进行模拟演练或实地调查。）

　　（2）促销策略是市场营销基础的核心内容之一。中等职业学校市场营销专业的教师不仅指导学生理解这一教学内容，更重要的是帮助学生学以致用。促销策略有四种促销方式，分别是人员推销、公共关系、营业推广、广告宣传。请教师根据理论知识，设计实训教学项目。

□工具使用

学生实训日志

时间：　年　月　日

学生姓名		地点			
岗位		指导教师		电话	
实训内容					
收获与感受					

□知识巩固

一、单项选择题

1. （　　　）即需要学生自己确定目标，通过查阅资料或小组讨论自己设计工作过程的项目。
　　A. 单项项目　　　　B. 综合项目　　　　C. 封闭项目　　　D. 开放项目

2. （　　　）是指有明确的目标，要求按照严格的操作程序与要求进行操作，需要相对确定的知识的项目。
　　A. 封闭项目　　　　B. 开放项目　　　　C. 单项项目　　　D. 综合项目

二、多项选择题

1. 项目序化有三种基本模式（　　　　　）。
　　A. 递进式　　　　　B. 并列式　　　　　C. 流程式　　　　D. 复合式

2. 设计项目时应充分考虑的要求包括（　　　　）。
　　A. 便于学校提供真实的实训教学环境　　　B. 便于实现教学目标
　　C. 要由简入难、循序渐进　　　　　　　　D. 能够培养学生的团队合作的意识

三、简答题

1. 设计项目时应充分考虑的要求是什么？
2. 模拟项目和真实项目的区别是什么？

任务二　选择实训教学方法

□任务导读

　　职业学校的培养目标是培养与我国社会主义现代化建设要求相适应，德、智、体等方面全面发展，具有综合职业能力，在生产服务、技术和管理第一线工作的高素质劳动者和中初级专门人才。因此，职业教育的目的是把学生培养成既有一定理论知识又具备一定操作技术的人才。学生的操作主要是通过实训课教学来获得的，实训课教学效果的好坏直接影响学生对操作技能的掌握程度，可见教师实训课教学显得尤为重要。中等职业学校教师要灵活运用教学方法，实现教学目标。

□学习目标

　　1. 理解教学方法的种类

2. 根据实训教学内容，选择合理的教学方法

□**实施指导**

一、教学方法与实训教学方法

教学方法论由教学方法指导思想、基本方法、具体方法、教学方式四个层面组成。教学方法包括教师教的方法（教授方法）和学生学的方法（学习方法）两大方面，是教授方法与学习方法的统一。教授法必须依据学习法，否则便会因缺乏针对性和可行性而不能有效地达到预期的目的。但由于教师在教学过程中处于主导地位，所以在教法与学法中，教法处于主导地位。实训教学方法是在教学方法中选择适用于实训课程特征的，且倾向于培养学生实践能力的教学方法，在市场营销专业实训教学中，可采用以下几种实训教学方法。

二、常用的实训教学方法

（一）角色扮演法

角色扮演（role-playing）是一种情境模拟活动。所谓情境模拟，就是指根据被试者可能担任的职务，编制一套与该职务实际相似的测试项目，将被试者安排在模拟的、逼真的工作环境中，要求被试者处理可能出现的各种问题，用多种方法来测评其心理素质、潜在能力的一系列方法。情境模拟假设解决方法往往有一种以上，其中角色扮演法是情境模拟活动应用的比较广泛的一种方法，其测评主要是针对被试者明显的行为及实际的操作，另外还包括两个以上的人之间相互影响的作用。

1. 角色扮演法的优点

（1）参与性活动。作为教师，可以充分调动学生参与的积极性，为了获得较高的评价，学生一定会充分表现自我，施展自己的才华。作为学生，都知道怎样扮演指定的角色，是明确的有目的的活动。在扮演培训过程中，学生会抱有浓厚的兴趣，并带有娱乐性功能。

（2）具有高度的灵活性。从测评的角度看，角色扮演的形式和内容是丰富多样的，为了达到教学的目的，教师可以根据需要设计训练主题、场景。在教师的要求下，学生的表现也是灵活的，教师不要把学生限制在有限的空间里，否则不利于学生真正水平的发挥。

（3）按自己的意愿。角色扮演是在模拟状态下进行的，因此学生在做出决策行为时可以尽可能地按照自己的意愿去完成，也不必考虑在实际工作中决策失败会带来工作绩效的下降或失败等问题，它是一种可反馈的反复行为。学生只要充分地扮演好角色就行，

没必要担心自己的行为，因为这只是角色扮演行为，其产生的影响可以控制在一定的范围内，不会造成不良影响，也没必要在意他人对自己的看法。

（4）需要配合。角色扮演过程中，需要角色之间的配合、交流与沟通，因此可以增加角色之间的感情交流，培养学生的沟通、自我表达、相互认知等社会交往能力。尤其是同学之间一起接受培训进行角色扮演时，能够培养学生的集体荣誉和团队精神。

（5）锻炼机会。角色扮演培训为学生提供了广泛地获取多种工作生活经验、锻炼能力的机会。这一角色扮演法的优点是就训练而言的，在实训的过程中，通过角色扮演，学生可以相互学习对方的优点，可以模拟现实的工作生活，从而获得实际工作经验，明白本身能力的不足之处，通过训练，使各方面能力得到提高。

2. 角色扮演法的缺点

（1）如果学生没有精湛的设计能力，在设计上可能会出现简单化、表面化和虚假人工化等现象。这无疑会造成对实训教学效果的直接影响，使学生得不到真正的角色锻炼能力提高的机会。同样地，在设计测评学生角色扮演场景时，由于设计不合理，设计的场景与测评的内容不符，就会使教师摸不着头脑，更谈不上测出学生的能力水平。

（2）有时学生由于自身的特点不乐意接受角色扮演的学习方式，而又没有明确地拒绝，其结果是在实训中不能够充分地表现出自己。而另一种情况是学生的参与意识不强，角色表现漫不经心。这些都会影响培训的效果。在测评的过程中，由于学生参与意识不强，没有完全进入角色，就不能测出学生的真实情况。

（3）对某些学生来说，在接受角色学习时，表现出刻板的模仿行为和模式化行为，而不是反映他们自身的特征。这样，他们的角色扮演就如同演戏一样，偏离了实训的基本内涵。在测评学生的角色扮演中，如果学生也表现得行为模式化，测评就失去其意义。

（4）角色扮演时，大多数情况有第三者存在，这些人或是同时接受实训的人，或是评价者，或是参观者，自然的交互影响会产生于学生和参观者之间，这里的影响是很微妙的，但绝不容忽视。

（5）有些角色扮演活动是以团队合作为宗旨的，在这种情况下可能会出现过度地突出个人的情况，这也是角色扮演中很难避免的，因为，一旦某个人表现太富于个性化，这就影响团队整体合作性。

3. 角色扮演法的要求

为了弥补角色扮演的不足，还必须对学生或受试者提出一些具体的角色扮演要求，具体如下。

（1）接受作为角色的事实。

（2）只是扮演角色。

（3）在角色扮演过程中，注意你态度的适宜性改变。

（4）使你处于一种充分参与的情绪状态。

（5）如果需要，注意收集角色扮演中的原始资料，但不要偏离案例的主题。

（6）在角色扮演中，不要向其他人进行角色咨询。

（7）不要有过度的表现行为，那样可能会偏离扮演的目标。

角色扮演法既有自己的优点，又有不足之处，是一种难度很高的训练和测评方法。要想达到理想的训练和测评效果就必须进行严格的情境模拟设计，同时，保证角色扮演全过程的有效控制，以纠正随时可能产生的问题。

4. 角色扮演法的操作步骤

1）进行充分的准备工作

（1）事先要做好周密的计划，每个细节都要设计好，不要忙中出错，或乱中出错。

（2）助手事先训练好，讲什么话，作什么反映，都要规范化，在每个被试者面前要做到基本统一。

（3）编制好评分标准，主要看其心理素质和实际能力，而不要看其扮演的角色像不像，是不是有演戏的能力。

2）实施评估

角色扮演的评估，其实就是一个收集信息、汇总信息、分析信息，最后确定学生的基本心理素质和潜在能力的过程。

（1）观察行为。在实训过程中，教师要仔细观察，及时记录一位或两位学生的行为，记录语气要客观，记录的内容要详细，不要进行不成熟的评论，主要是进行客观的观察。

（2）归纳行为。观察以后，教师要马上整理观察后的行为结果，并把它归纳为角色扮演设计的目标要素之中，如果有些行为和要素没有关系，就应该剔除。

（3）教师为学生的行为打分。对要素有关的所有行为进行观察，归纳以后就要根据规定的标准答案对要素进行打分。

（4）制定报告。给学生打分以后，每位教师对所有的信息都应该汇总，形成报告，然后才考虑下一位参加者。每位教师要宣读事先写好的报告，报告对学生在测评中的行为做一个简单的介绍，以及对要素的评分和有关的各项行为。在其报告时其他的教师可以提出问题，进行讨论。

（5）重新评分。当每位教师都报告完毕，大家进行了初步讨论以后，每位教师可以根据讨论的内容、评分的客观标准，以及自己观察到的行为，重新给学生打分。

（6）初步要素评分。等第一位主试独立重新评分以后，把所有的主试的评分进行简单平均，确定被试者的得分。

（7）制定要素评分表。一般角色扮演评价的内容分为以下四个部分。

第一，角色的把握性。被试者是否能迅速地判断形势并进入角色情境，按照角色规范的要求采取相应的对策行为。

第二，角色的行为表现。包括被试者在角色扮演中所表现出的行为风格、价值观、人际倾向、口头表达能力、思维敏捷性、对突发事件的应变性等。

第三，角色的衣着、仪表与言谈举止是否符合角色及当时的情境要求。

第四，其他内容。包括缓和气氛化解矛盾技巧、达到目的的程度、行为策略的正确性、行为优化程度、情绪控制能力、人际关系技能等。

（8）主试讨论。根据上述内容，教师组织学生进行一次讨论，对每种要素的评分，大家发表意见，相互点评。

（9）总体评分。通过讨论以后，第一位主试独立地给该被试者评出一个总体得分，然后公布结果，由小组讨论，直到达成一致的意见，这个得分就是该被试者在情境模拟的总的得分。

（二）情境教学法

情境教学法是指在教学过程中，教师有目的地引入或创设具有一定情绪色彩的、以形象为主体的生动具体的场景，以引起学生一定的态度体验，从而帮助学生理解教材，并使学生的心理机能得到发展的教学方法。情境教学法的核心在于激发学生的情感。

1. 情境教学的功能

情境教学的功能主要表现在两个方面：陶冶功能和暗示（或启迪）功能。

1）情境教学能够陶冶人的情感，净化人的心灵

在教育心理学上讲陶冶，意即给人的思想意识以有益或良好的影响。关于情境教学的陶冶功能，早在春秋时期的孔子就把它总结为"无言以教""里仁为美"；南朝学者颜之推进一步指明了它在培养、教育青少年方面的重要意义："人在年少，神情未定，所与款狎，熏渍陶染，言笑举动，无心於学，潜移暗化，自然似之。"即古人所说的"陶情冶性"。

情境教学的陶冶功能就像一个过滤器，使人的情感得到净化和升华。它剔除情感中的消极因素，保留积极成分。这种净化后的情感体验具有更有效的调节性、动力性、感染性、强化性、定向性、适应性、信号性等方面的辅助认知功能。

2）情境教学可以为学生提供良好的暗示或启迪，有利于锻炼学生的创造性思维，培养学生的适应能力

众所周知，人的社会化过程即形成"一切社会关系的总和"。这一从自然人转化为社会人的过程，实际上完全是环境——社会、家庭、学校、种族、地理等因素共同作用的结果。这些影响作用有的被我们感知到，但更多的则是不知不觉地影响着我们。因此，保加利亚暗示学家 G. 洛扎诺夫指出："我们是被我们生活的环境教学和教育的，也是为了它才受教学和教育的。"

人要受环境的教学和教育，原因就在于人有可暗示性。这是心理学和暗示学研究所共同证明了的。A. 比耐的实验证明在儿童身上天然存在着接受暗示的能力，接受暗示是人的一种本能。因而在他的《可暗示性》一书中，"可暗示性"就成了"可教育性"的同义语。其实，这些结论在社会学的背景上也是成立的：既然"人是一

切社会关系的总和"，因而必然要受到一切社会关系的影响，"人创造环境，同样环境也创造人"。

情境教学是在对社会和生活进一步提炼与加工后才影响于学生的。诸如榜样作用、生动形象的语言描绘、课内游戏、角色扮演、诗歌朗诵、绘画、体操、音乐欣赏、旅游观光等，都是寓教学内容于具体形象的情境之中，其中也就必然存在着潜移默化的暗示作用。

换言之，情境教学中的特定情境，提供了调动人的原有认知结构的某些线索，经过思维的内部整合作用，人就会顿悟或产生新的认知结构。情境所提供的线索起到一种唤醒或启迪智慧的作用。比如，正处于某种问题情境中的人，会因为某句提醒或碰到某些事物而受到启发，从而顺利地解决问题。

2. 情境教学的使用原则

为了使情境教学更好地发挥上述两种功能，提出以下几个重要的使用原则。

1）意识与无意识统一原则和智力与非智力统一原则

这是实现情境教学的两个基本条件。无意识调节和补充有意识，情感因素调节和补充理智因素。人的这种认知规律要求在教学中既要考虑如何使学生集中思维，培养其刻苦和钻研精神，又要考虑如何调动其情感、兴趣、愿望、动机、无意识潜能等对智力活动的促进作用。教师在鼓励学生要刻苦努力时，很可能已经无意识地暗示了学生：你能力不行，所以要努力。这样就无形中增加了他们的畏难情绪。如果我们能意识到这一点，就会把学生视作理智与情感同时活动的个体，就会想方设法地去调动学生身心各方面的潜能。

无意识与意识统一，智力与非智力统一，其实就是一种精神的集中与轻松并存的状态。这时，人的联想在自由驰骋，情绪在随意起伏，感知在暗暗积聚，技能在与时俱增。这正是情境教学要追求的效果。

2）愉悦轻松体验性原则

该原则根据认知活动带有体验性和人的行为效率与心理激奋水平有关而提出。该原则要求教师在轻松愉快的情境或气氛中引导学生产生各种问题意识，展开自己的思维和想象，寻求答案，分辨正误，这一原则指导下的教学，思维的"过程"同"结果"一样重要，目的在于使学生把思考和发现体验为一种快乐，而不是一种强迫或负担。

3）师生互信互重下的自主性原则

该原则强调两个方面：一是良好的师生关系，二是学生在教育教学中的主体地位。良好的师生关系是情境教学的基本保证。教学本是一种特定情境中的人际交往，情境教学更强调这一点。只有师生间相互信任和相互尊重，教师对学生真正做到"晓之以理，动之以情"，前文所述的两条信息回路才有畅通的可能。这意味着教师必须充分了解学生，学生也必须充分了解教师，彼此形成一种默契。而学生在教学中的主体地位决定了自主性侧重于教师鼓励学生"独立思考"和"自我评价"，培养学生的主动精神和创新精神。这一原则要求教师在情境教学中要从学生的实际出发，使学生在完成学业的同时得到如何做人的体验。它意味着一切教学活动都必须建立在学生积极、主动和快乐的基础上。

　　情境教学法是以案例或情境为载体引导学生自主探究性学习，以提高学生分析和解决实际问题的能力。就是运用领先的信息技术创设情境，图文并茂，能调动学生的多种感官，寓教于乐，加快对知识的理解，从传统教辅工具的"静态学习"到"动态学习"的飞跃，让学生消除学习疲劳，激发学习兴趣，提高学习效率。

　　采用情境教学，一般说来，可以通过"感知—理解—深化"三个教学阶段来进行。感知需要创设画面、引入情境、形成表象；理解需要深入情境、理解课文、领会感情；深化需要再现情境、丰富想象、深化感情。

　　3. 情境教学法的特点

　　（1）形象逼真。情境并不是实体的复现，而是简化的模拟。能获得与实体相似的形象，所以给学生以真实感。

　　（2）情深意长。情境教学是以生动形象的场景，激起学生学习和练习的情绪与感情的体验，通过教师的语言，把情感寓于教材内容之中，在课堂上形成一个广阔的"心理场"，作用于儿童的心理。

　　情境教学倡导"情趣"和"意象"，为学生创设和开拓了一个广阔的想象空间。情境教学所具有的广远性，能促进学生更深刻地理解和掌握教材，激发学生的想象力。

　　（3）知、情、意、行融成一体。情境教学为了创设一定的教学情境，就要运用生活显示情境，实物演示情境，音乐渲染情境，直观再现情境，角色扮演情境，语言描绘情境等方法，把学生引入一定的情境和一组情境之中，使他们产生一定的内心感受和情绪体验，从而克服一定的困难和障碍，形成一定的志向，积极地进行练习，这样，就能把知、情、意、行融成一个整体。

三、任务驱动教学法

（一）任务驱动教学法的组成环节

　　（1）创设情境。使学生的学习能在与现实情况基本一致或相类似的情境中发生。

　　需要创设与当前学习主题相关的、尽可能真实的学习情境，引导学习者带着真实的任务进入学习情境，使学习更加直观和形象化。生动直观的形象能有效地激发学生联想，唤起学生原有认知结构中有关的知识、经验及表象，从而使学生利用有关知识与经验去同化或顺应所学的新知识，发展能力。

　　（2）确定问题（任务）。在创设的情境下，选择与当前学习主题密切相关的真实性事件或问题（任务）作为学习的中心内容，让学生面临一个需要立即去解决的现实问题。

　　问题（任务）的解决有可能使学生更主动、更广泛地激活原有知识和经验，来理解、分析并解决当前问题，问题的解决为新旧知识的衔接、拓展提供了理想的平台，通过问题的解决来建构知识，正是探索性学习的主要特征。

（3）自主学习、协作学习。不是由教师直接告诉学生应当如何去解决面临的问题，而是由教师向学生提供解决该问题的有关线索，如需要搜集哪一类资料。从何处获取有关的信息资料等，强调发展学生的自主学习能力。同时，倡导学生之间的讨论和交流，通过不同观点的交锋，补充、修正和完善每个学生对当前问题的解决方案。

（4）效果评价。对学习效果的评价主要包括两部分内容，一方面是对学生是否完成当前问题的解决方案的过程和结果的评价，即所学知识的意义建构的评价，而更重要的一方面是对学生自主学习及协作学习能力的评价。

（二）任务驱动教学法的特征

从学生的角度说，任务驱动是一种有效的学习方法。它从浅显的实例入手，带动理论的学习和应用软件的操作，大大提高了学习的效率和兴趣，培养他们独立探索、勇于开拓进取的自学能力。一个任务完成了，学生就会获得满足感、成就感，从而激发了他们的求知欲望，逐步形成一个感知心智活动的良性循环。伴随着一个跟着一个的成就感，减少学生们以往片面追求信息技术课程的系统性而导致的只见树木，不见森林的教学法带来的茫然。

从教师的角度说，任务驱动是建构主义教学理论基础上的教学方法，将以往以传授知识为主的传统教学理念，转变为以解决问题、完成任务为主的多维互动式的教学理念；将再现式教学转变为探究式学习，使学生处于积极的学习状态，每位学生能根据自己对当前任务的理解，运用共有的知识和自己特有的经验提出方案、解决问题，为每位学生的思考、探索、发现和创新提供了开放的空间，使课堂教学过程充满了民主、充满了个性、充满了人性，课堂氛围真正活跃起来。

任务驱动教学法最根本的特点就是"以任务为主线、教师为主导、学生为主体"，改变了以往"教师讲，学生听"，以教定学的被动教学模式，创造了以学定教、学生主动参与、自主协作、探索创新的新型学习模式。通过实践发现任务驱动教学法有利于激发学生的学习兴趣，培养学生分析问题、解决问题的能力，提高学生自主学习及与他人协作的能力。

四、项目教学法

（一）项目及项目教学法的含义

在职业教育中，项目是指以生产一件具体的、具有实际应用价值的产品为目的的任务，它应该满足下面的条件：

（1）该工作过程可用于学习一定的教学内容，具有一定的应用价值；

（2）能将某一教学课题的理论知识和实际技能结合在一起；

（3）与企业实际生产过程或现实的商业经营活动有直接的关系；

（4）学生有独立进行计划工作的机会，在一定的时间范围内可以自行组织、安排自己的学习行为；

（5）有明确而具体的成果展示；

（6）学生自己克服、处理在项目工作中出现的困难和问题；

（7）具有一定的难度，不仅是已有知识、技能的应用，而且要求学生运用新学习的知识、技能，解决过去从未遇到过的实际问题；

（8）学习结束时，师生共同评价项目工作成果和工作学习方法。

项目教学法就是在老师的指导下，将一个相对独立的项目交由学生自己处理，信息的收集、方案的设计、项目实施及最终评价，都由学生自己负责，学生通过该项目的进行，了解并把握整个过程及每一个环节中的基本要求。

（二）项目教学法的特征

项目教学法最显著的特点是"以项目为主线、教师为主导、学生为主体"，改变了以往"教师讲，学生听"的被动的教学模式，创造了学生主动参与、自主协作、探索创新的新型教学模式。具体表现为以下几方面。

（1）目标指向的多重性。对学生，通过转变学习方式，在主动积极的学习环境中，激发好奇心和创造力，培养分析和解决实际问题的能力。对教师，通过对学生的指导，转变教育观念和教学方式，从单纯的知识传递者变为学生学习的促进者、组织者和指导者。对学校，建立全新的课程理念，提升学校的办学思想和办学目标，通过项目教学法的实施，探索组织形式、活动内容、管理特点、考核评价、支撑条件等的革新，逐步完善和重新整合学校课程体系。

（2）培训周期短，见效快。项目教学法通常是在一个短时期内、较有限的空间范围内进行的，并且教学效果可测评性好。

（3）可控性好。项目教学法由学生与教师共同参与，学生的活动由教师全程指导，有利于学生集中精力练习技能。

（4）注重理论与实践相结合。要完成一个项目，必然涉及如何做的问题。这就要求学生从原理开始入手，结合原理分析项目、订制工艺。

（三）项目教学法的应用范围

在最开始的项目教学法中，人们主要是采用独立作业的组织方式。随着现代科学技术及生产组织形式对职业教育要求的提高，人们越来越多地采用项目教学法来培养学生的社会能力和其他关键能力，因此，也就更多地采用小组工作的方式，即共同制订计划、共同或分工完成整个项目。

（四）项目教学法的实施步骤

项目教学法一般可按照下面五个教学阶段进行。

（1）确定项目任务。通常由教师提出一个或几个项目任务设想，然后同学一起讨论，最终确定项目的目标和任务。

（2）制订计划。由学生制订项目工作计划，确定工作步骤和程序，并最终得到教师的认可。

（3）实施计划。学生确定各自在小组的分工及小组成员合作的形式，之后按照已确立的工作步骤和程序工作。

（4）检查评估。

先由学生自己进行自我评估，之后由教师对项目工作成绩进行检查评分。师生共同讨论、评判在项目工作中出现的问题、学生的解决处理方法及学生的学习行为特征。通过对比师生的评价结果，找出造成评价结果差异的原因。

（5）归档或结果应用。作为项目的实践教学产品，应尽可能具有实际应用价值。因此，项目工作的结果应该归档或应用到企业和学校的生产教学实践中，如项目的维修工作应记入维修保养记录，项目的小工模具制作、软件开发可应用到生产部门或日常生活和学习中。项目教学法在实训教学中作用在项目教学中，学习过程成为一个人人参与的创造实践活动，注重的不是最终的结果，而是完成项目的过程。学生在项目实践过程中，理解和把握课程要求的知识和技能，体验创新的艰辛与乐趣，培养分析问题和解决问题的思想与方法。以模具设计与制造课程教学为例，可以通过一定的项目让学生完成模具设计、加工生产、产品质量检验等生产流程，从中学习和掌握机械原理、材料处理、制造工艺及各种机床的使用与操作。还可以进一步组织不同专业与工种，甚至不同职业领域的学生参加项目教学小组，通过实际操作，训练其在实际工作中与不同专业、不同部门的同事协调、合作的能力。

□学习范例

实训教学活动方案 1

项目	内容
课题	××商城一周年庆活动方案
学习材料	《市场营销基础》教材
学习方式及要求	1. 小组合作法 每组同学在组长的带领下进行头脑风暴，完成任务。队长要调动所有队员，全员参与。 2. 角色扮演法 每个公司的销售团队的负责人派出一名队员分享讨论结果。要求语言流畅、表达自然。

学习步骤	1. 各组组长选择参展单位和产品。 2. 组长带领组员认真分析任务背景，运用所学知识策划销售活动。 3. 任务背景：某商场成立一周年，结合你所在商场经营的特点，在商场成立一周年周年庆期间，为了回馈新老顾客，进行商场内产品促销活动。假如你是商场销售部的工作人员，运用所学的知识，策划一份商品促销活动方案，并通过具体的形式将其展现。 4. 全员参与。在规定的时间内完成任务。 5. 将讨论结果进行展示。 **提示：** 1. 学生熟悉自己推销的产品的特点。尤其在客户面前要注意显示对产品非常熟悉。将产品的特点转换成优点，进而吸引目标顾客。 2. 熟悉自己推销产品的目标客户。产品所针对的消费人群有哪些？ 3. 熟悉产品的市场。竞争对手有哪些？同级别的产品品牌有哪些？要清楚彼此之间的竞争优势。 4. 在沟通的过程中要互换名片或联系方式。 5. 任何时候、任何地点都要言行一致，将产品的优缺点对消费者讲解清楚，就是给客户信任的保证。

实训教学活动方案 2

××商城一周年庆活动方案

推广主题：××周年庆

推广时间：12 月 6 日（星期五）～1 月 5 日（星期五）

活动目的：

1. 营造周年庆典氛围，促进销售，展示一周年后新面貌。

2. 与商家联动最大让利支持，刺激目标受众的购买欲。

3. 借助强大的客流与场地优势，打造品类活动。

4. 增加 XX 商品折扣商城在全城的曝光率及美誉度，增加消费客层，扩大消费需求，提升消费层次，提升整体销售业绩。

活动时间点：

1. 预热造势阶段：2013 年 12 月 1～26 日（共 27 天）。

2. 通过全方位立体媒体报道，电视、广播、公交媒体、户外广告等造势，让周年庆活动在全城流传开来。

活动一：【圣诞生日"惠"会员折上折】

活动时间：2013 年 12 月 6 日（星期五）～2014 年 1 月 5 日（星期五），共 30 天

活动地点：宏泰商城 1～3 楼

活动内容：

1. 活动期间，仅需 5 元即可办理会员卡一张，获赠精美礼品一份（玫瑰花香皂）。全场商品享受折上再 9 折优惠（部分商品除外），并享双倍积分，积分有好礼赠送。

2. 活动期间，购物累计消费满 100 元，即可免费办理会员卡一张，并获赠精美礼品一份（玫瑰花香皂），数量有限，送完为止。（单张购物小票及会员卡只可以领取一次，限 100 束/天）

3. 活动期间，老会员购物累计消费满 100 元，即可获赠玫瑰花香皂一束，每人限一束（凭会员卡及小票领取）。数量有限，送完为止。

注：办理会员卡当笔消费不参加 9 折活动，下一单任意消费均可享受会员卡 9 折优惠。导购员办理会员卡统计，并给予相应奖励。

活动二：【幸运周年庆，宏泰发红包，百元大钞等你拿】

活动时间： 从 12 月 6 日起，每逢周六、日（7/8、14/15、21/22、28/29），共 8 天

活动地点： 三楼总服务台

活动内容：

1. 活动期间，凡购物累计消费满 119 元的顾客即可凭购物小票前往三楼服务台领取生日"惠"红包一个，满 219 元可领取红包两个，满 319 元领取红包三个，以此类推。

2. 活动期间，每周发放一个"宏泰商城港澳旅行通行证"，参加抽红包活动即有机会中得港澳七日游（火车出行，车票全包），每周一名，机会难得，快来抢红包吧！

每天限量，一盒内 100 个红包：

"宏泰商城港澳旅游通行证"1 张

　　　　100 元现金 1 张　　　　50 元代金券 2 张

　　　　50 元现金 1 张　　　　　10 元代金券 5 张

　　　　1 元现金 40 张　　　　　5 元代金券 50 张

代金券使用方法：单笔消费满 59 元，可使用一张。

注：活动期间，每天红包箱内放置 100 个红包，顾客凭购物小票满额参加，抽取红包时需告知顾客迅速抽取红包，不得在奖箱内随意摸选，先到先得，购物小票当日内有效，红包内代金券需顾客在活动期间使用，过期无效，使用代金券消费，不可再参与抽红包活动。此活动可以与活动一同时参加。

活动三：【感恩周年庆　天降万元现金礼】

活动时间： 12 月 24～26 日

活动地点： 三楼服务台

活动内容： 活动期间，购物满 299 元即可参加现场抓现金活动，金币你能抓多少，我就送多少。

注：现金盒子内放置五角、若干糖块，抽取现金时需告知顾客快速抓取，不可抽取后翻手拿出，仅限抓取。当日购物小票限每人抓一次，登记姓名、手机号、身份证号等。

活动四：【快乐周年庆　空前大换购】

活动时间：2013 年 12 月 6 日（周五）～2014 年 1 月 5 日（星期五），共 30 天

活动地点：宏泰商城一楼服务台

活动内容：活动期间，凡累计消费满 100 元，均可参加换购活动，换购产品见一楼服务台。

换购商品：

+5 元	换购田七 60g 植物精油皂（纸包装）	专柜价 15 元
+10 元	换购田七 60g 植物精油皂（木盒包装）	专柜价 20 元
+20 元	换购精品炒勺	专柜价 38 元
+30 元	换购半球热水壶	专柜价 48 元

注：此活动可与其他活动同时参加。

案例简析：

本次教学活动采用小组合作法、角色扮演等方法，指导学生发挥团队合作的意识，自主探究，完成此次教学任务。该促销方案活动主题鲜明，活动目的明确，通过广告宣传的促销活动进行造势，让信息在城市中快速传播，同时设计多种多样的营业推销的促销活动，刺激消费者的购买欲望，调动消费者的购买兴趣，诱导消费者产生购买行为。

□模拟实训

请根据以下学习目标，采用不同的教学方法，进行教学方案的设计。

学习目标

促销策略是市场营销组合策略之一，它对企业的生存和发展起着重要的作用，主要包括人员推销、广告、公共关系及销售促进等策略。这一章节的学习目标如下：

一、理解促销及促销组合的含义；

二、掌握影响促销组合的主要因素及促销的基本策略；

三、了解广告及公共关系的含义、职能、实施步骤及效果评估；

四、掌握广告的创意及广告定位的技巧，了解广告媒体的类型；

五、掌握人员推销的基本方法，了解销售促进的类型、特点及基本步骤；

六、通过对本章的内容的学习，能为不同性质的企业进行简单的促销策划，并能恰当地运用广告、公关、人员推销的方法促进企业产品的销售。

□工具使用

实训教案

	教学设计			序号	
课题					
授课班级		学时			
教学目标	知识目标		能力目标		
教学重难点					
教学准备					
教学环节	教学过程	教学意图	学生活动		时间
导入					
知识讲授					
总结					
作业设计					

□知识巩固

一、多项选择题

1. 角色扮演法的优点有（　　　　）。
   A. 参与性活动　　　　　　　　B. 具有高度的灵活性
   C. 按自己的意愿　　　　　　　D. 不需要配合

2. 为了使情境教学更好地发挥作用，提出的重要的使用原则有（　　　）。
   A. 意识与无意识统一原则和智力与非智力统一原则
   B. 愉悦轻松体验性原则
   C. 师生互信互重下的自主性原则
   D. 团队合作的原则

3. 情境教学法的特点有（　　　）。
   A. 形象逼真　　　　　　　　　B. 情深意长
   C. 知、情、意、行融成一体　　D. 有明确的成果展示

4. 项目教学法一般的教学阶段有（　　　）。
   A. 确定项目任务　　　　　B. 制订计划　　　　　C. 实施计划
   D. 检查评估　　　　　　　E. 归档或结果应用

二、简答题

1. 什么是任务驱动法?
2. 任务驱动法的组成环节有哪些?
3. 在职业教育中,项目是指以生产一件具体的、具有实际应用价值的产品为目的的任务,它应该满足的条件有哪些?

任务三　实训管控

□任务导读

中等职业学校教师要充分利用学校的实训教学的资源和条件,指导学生在实训中完成任务的同时,落实教学内容,提高学生的专业技能,夯实专业知识。在实训的过程中,指导教师要关注学生完成教学任务的能力,并控制实训教学的环节。对于市场营销专业教师来说,应该能够结合学生的性格特点,设计和安排市场营销基础的实训教学计划,写出相关的实训指导书和学生实训日志及实训室使用记录。

□学习目标

1. 明确指导教师的职责
2. 掌握教师的管控内容
3. 掌握实训教学中对学生的指导内容

□实施指导

一、实训管控的必要性

实训是专业教学计划的重要组成部分,是加强理论与实践相结合的实践性教学环节,它能够培养学生的观察能力、思维能力、动手能力,并对学生进行科学态度和科学方法的训练。中等职业学校教育专业基本修业年限为三年,教学总学时以 2800～3200 学时为宜,实践教学不低于总学时 50%。

为了妥善处理和解决实训中的有关问题,不断提高实训质量,教师需要对学生的实训过程进行严格的管控。例如,实训过程中,教师应明确实训的课题和要求、实训的岗位与检查方法、实训学习方式和时间分配、实训期间的现场教学老师和定期轮换、讲课辅导安排、实训成绩考核内容和考核办法等。

二、实训管控的前期准备

为了保证实训管控的效果,教师不应仅在实训过程中进行监控和管理,而是要在实训教学前就做好相关准备，这些准备包括基本准备和特殊准备。

（一）基本准备

（1）初步了解实训教学专业在经济建设中的地位、作用和发展趋势。

（2）巩固、深化实训教学专业的理论知识，形成分析和解决专业实际问题的能力。

（3）熟悉实训专业相关岗位工作人员的工作职责和工作程序，获得组织管理的要求和规范。

（二）特殊准备

（1）根据实训大纲要求，编写实训指导书，设计实训方案，写出实训计划和进程计划，准备好实训记录本。教师要根据市场营销专业教学计划要求，由专业教研室制订实训计划，报学校审定。应按审定后的实训计划执行。 在执行实训计划过程中，如遇特殊情况需更改实训时间，变动实训地点，须书面说明原因，经学校签字同意后报教务科备案。实训大纲是组织和检查实训工作的主要文件及依据。市场营销专业应根据本专业培养目标和教学计划，认真编写实训大纲，经教研室主任同意后报学校审查汇总，同时报教务科备案，于实训前发给指导教师和学生。

（2）了解实训场所的一般情况，增加对本专业范围的感性认识，协助实训场所管理人员准备好实训所需要的器具设备和物品，并进行试做。教师与实训场所管理人员，都要严格要求学生遵守实训规则，进行安全生产教育并记入实训成绩（约占30%），要求学生按规程进行操作和训练，确保人身安全和器具设备不受损坏，并指导学生正确使用训练器具，掌握操作技能，分析实训结果和撰写实训报告，使学生树立严肃的科学态度和严谨的工作作风，培养实际技能。教师对实训报告应认真批改，对数据不全、不符合要求的，令其重做。

三、实训管控过程对教师的综合要求

实训指导教师要具备较强的工作责任心，有一定组织和管理能力。对于初次承担指导实训任务的教师，教研室应指定专人进行帮助。为了保证指导质量，刚毕业参加工作的本科生不宜单独指导学生进行实训。指导教师应提前两个月安排落实，一经确定，不要随意更换。因特殊原因非更换不可者，须经教研室申述理由，教研室主任签字后报学校备案。实训指导教师要做好如下工作。

（1）指导教师要以身作则，言传身教，既教书又教人，全面关心学生的思想、学习、生活、健康和安全。

（2）检查实训纪律执行情况，及时处理违纪问题。

（3）指导学生写好实训报告，负责组织考核、撰写评语和成绩评定工作。

（4）实训结束后写出工作总结并向教研室汇报。

学生在实训期间违反纪律或犯有其他错误时，指导教师应及时给予批评教育，对情节严重、影响极坏者，领队教师应及时进行妥善处理，直至停止其实训，并立即向教务科报告。

四、实训管控中教师对学生的要求

在实训管控中，教师必须要求学生做好以下几点。

（1）教师要教育学生必须服从教师的安排和要求。

（2）教育学生必须接受教师指导。应按实训大纲、实训实施计划的要求和规定，严肃认真地完成实训任务；要重视实训学习，记好笔记，按时完成实习思考题或作业，写好实训报告并参加考核。

（3）不得无故不参加实训，不得迟到、早退或溜岗。有事须向教师请假，未经同意，不得擅自离开。

（4）实训期间不得参与同实训任务无关的工作。

（5）遵守学校的规章制度；遵守实训的作息制度和纪律规定；遵守实训的各项规章制度。

（6）实训结束时，要认真做好总结工作，应于结束后一周内将实训工作总结报告（一式两份）交教研室及教务科，教务科将不定期地对实训工作进行检查或抽查。

□学习范例

实训指导书　项目一：产品策划实训

【实训目的】

通过实训，使学生了解、掌握产品策划的框架构成、具体的内容、格式要求，重点掌握策划的程序、方法、技巧和重点。

【实训内容和要求】

1. 内容：产品组合方案的设计。

2. 要求：掌握产品策划的程序、方法和技巧，能够进行产品组合方案设计。

【实训组织】

以策划团队为单位完成实训任务。

【实训操作步骤】

1. 根据实训项目资料或企业实际，进行市场背景分析。

2. 竞争者产品策略调查。

3. 产品描述及核心利益分析。

4. 产品组合设计。

5. 撰写产品方案策划书。

【实训考核】

1. 考核策划书，从策划书的格式、方案创意、可行性、完整性等方面进行考核

（70%）。

2. 考核个人在实训过程中的表现（30%）。

【实训课时】

6学时

实训指导书　　项目二：定价策划实训

【实训目的】

通过实训，使学生掌握企业定价策略与定价方法、价格策划的流程与方法、策划书的内容与格式要求。

【实训内容和要求】

1. 内容：制订企业价格方案，撰写价格策划方案。

2. 要求：掌握企业定价策略与方法，进行定价方案设计，掌握价格策划的流程方法，学会撰写策划书。

【实训组织】

以策划团队为单位完成实训任务。

【实训操作步骤】

1. 对实训项目中的企业产品状况进行分析。

2. 结合企业实际和竞争状况，选择定价策略。

3. 根据定价策略，选择定价方法，进行定价。

4. 撰写定价策划书。

【实训考核】

1. 考核策划书，从策划书的格式、方案创意、可行性、完整性等方面进行考核（70%）。

2. 考核个人在实训过程中的表现（30%）。

【实训课时】

4学时

实训指导书　项目三：分销渠道实训

【实训目的】

通过实训，使学生了解、掌握分销渠道的选择、设计和管理。

【实训内容和要求】

1. 内容：分销渠道模式、渠道设计、渠道发展。

2. 要求：掌握影响分销渠道因素的分析方法、分销渠道的选择模式及管理方法。

【实训组织】

以策划团队为单位完成实训任务。

【实训操作步骤】

　　1. 调查了解项目竞争者目前的渠道状况。

　　2. 找出目前营销渠道的问题。

　　3. 设计渠道模式。

　　4. 撰写渠道设计策划书。

【实训考核】

　　1. 考核策划书，从策划书的格式、方案创意、可行性、完整性等方面进行考核（70%）。

　　2. 考核个人在实训过程中的表现（30%）。

【实训课时】

　　4 学时

实训指导书　　　项目四：促销策划实训

【实训目的】

　　通过实训，使学生掌握促销策划的流程与内容，学会进行促销方案设计及实施。

【实训内容和要求】

　　1. 内容：促销策划的程序、活动方案的设计、促销主题设计及促销策划案的具体内容和格式。

　　2. 要求：掌握促销活动策划和方案的实施。

【实训组织】

　　以策划团队为单位完成实训任务。

【实训操作步骤】

　　1. 明确促销的目的或必要性。

　　2. 进行市场状况分析和促销效果调查。

　　3. 设计促销目标。

　　4. 促销策略组合设计。

　　5. 行动方案或具体活动安排。

　　6. 促销预算。

　　7. 撰写促销策划书。

　　8. 实施促销方案。

【实训考核】

　　1. 考核策划书，从策划书的格式、方案创意、可行性、完整性等方面进行考核（70%）。

　　2. 考核个人在实训过程中的表现（30%）。

【实训课时】

　　4 学时

□模拟实训

结合以下训练材料选择其一进行训练：①如果你是"推销实务"的授课教师，在"产品介绍"这一教学内容，需要在实训教室内上课，你将如何组织、落实、监督和控制学生在实训教学过程中的表现？具体要求有哪些？可以运用哪些教学工具来检验学生的掌握情况？②如果你的学生是商场的工作人员，你将如何指导其介绍这两款产品？③请根据拓展训练的背景设计实训指导书、实训日志和实训报告的表格。

训练材料1：绞肉机推销

绞肉机是肉类加工企业在生产过程中，将原料肉按不同工艺要求加工成规格不等的颗粒状肉馅，以便于同其他辅料充分混合来满足不同产品的需求，绞肉机为系列产品；工作时利用转动的切刀刃和孔板上孔眼刃形成的剪切作用将原料肉切碎，并在螺杆挤压力的作用下，将原料不断排出机外。可根据物料性质和加工要求的不同，配置相应的刀具和孔板，即可加工出不同尺寸的颗粒，以满足下道工序的工艺要求。它采用优质铸铁件或不锈钢制造，对加工物料无污染，符合食品卫生标准。刀具经特殊热处理，耐磨性能优越，使用寿命长。该机操作简单、拆卸组装方便，容易清洗，加工产品范围广，物料加工后能很好地保持其原有的各种营养成分，保鲜效果良好。刀具可根据实际使用要求随意进行调节或更换。

用于各种冻肉、鲜肉、鸡骨架、鸭骨架、猪皮、牛皮、鸡皮、鱼类、水果、蔬菜等食物的加工。广泛适用于各种香肠、火腿肠、午餐肉、丸子、咸味香精、宠物食品和其他肉制品等行业。

本款台式绞肉机，所有与食品接触部分的材料全部采用优质不锈钢，产品设计完全符合欧洲安全标准。外形美观，结构紧凑。本款绞肉机非常适合酒店、肉类加工行业、学校、餐馆或任何其他食品服务业使用。

配有直径为6毫米的圆刀一片，直径为8毫米的圆刀一片，梅花刀片两片。

如果我们在食品加工设备博览会上，学生作为参展单位的工作人员，如何向顾客做现场介绍，促成交易？

训练材料2：清道夫食物垃圾处理器推销

清道夫垃圾处理器，源于瑞士，却又根据亚洲地区饮食习惯而贴身定制，避免了国外以软性食物为主的处理方式，可以轻松把国人喜欢吃的骨头汤、大鱼大肉等硬性食物垃圾处理干净，采用高性能电机、精密设备和部件、超强粉碎细度、永不堵塞的技术，清道夫食物垃圾处理器全部配备了独特的感应式电机，保证品质的同时，轻松成为家庭主妇好帮手。

全程环保，超低能耗：全年用电量仅需几元钱。并能自动维护机体，防止腐蚀，防止细菌、异味的产生。

三点定位调节卡口：有效避免接口松动，节约空间，安装便捷。

防卡死功能：清洁更彻底，智能防卡死，并特设有防漏水和过载自动保护功能，使用更放心。

碳刷外置功能：独创采用碳刷外置后可让机器使用寿命延长三倍。

高抗震性能，超强静音功能：工作噪声控制在 50 分贝以下，在同行业中噪声最低。

特制不锈钢碾磨件，终身无忧：耐腐耐磨，有效寿命长，且磨碎效果好，终生免维护。

1 键式清除垃圾：智能化设计，所有垃圾几秒内就可粉碎清除！2 项国际发明专利："高分子纳米材质无缝隙结合轻便外壳"专利认证、"四级粉碎研磨技术"专利认证。3 大国际权威机构推荐：全球可持续发展联盟（Alliance Global Sustainability，AGS）、欧洲生态标识委员会（European Union Eco-labeling Board，EUEB）、联合国生态环境规划署（United Nations Environment Programme，UNEP）联名推荐！并被各国专家誉为"高舒适度、低能耗、超五星级生活配套"。

4 级粉碎研磨技术：世界最新技术，粉碎更彻底，领先同行半个世纪！ 5 亿家庭的共同选择：到目前为止，美迪斯通已抢占欧美等国或地区近 50%市场，再加上我国良好的市场表现，全球范围内已有无数家庭选择使用美迪斯通食物垃圾处理器。数亿家庭的选择绝不会错！

价格：1880 元/台。

□工具使用

学生实训日志

时间：　年　月　日

学生姓名		地点			
岗位		指导教师		电话	
实训内容					
收获与感受					

实训室使用记录

年　月　日　（星期　　）

节次		班级		科目	
实训课题					
应到人数		实到人数		纪律	
请假学生名单					
旷课学生名单					
实训课程成绩					
实训效果评价					
实训室使用情况					

□知识巩固

一、单项选择题

1. 中等职业学校教育专业基本修业年限为（　　　）。

    A. 2 年　　　　　　　B. 3 年　　　　　　　C. 4 年　　　　　　　D. 5 年

2. 教学总学时以（　　　）学时为宜。

    A. 2800～3200　　　B. 2500～2800　　　C. 2800～3000　　　D. 3000～3200

二、简答题

1. 教师在指导学生实训中学生必须做到的要点有哪些？
2. 实训的内容包括哪几个方面？
3. 实训指导教师要做好的工作是什么？

任务四　实训效果评价

□任务导读

    目前中等职业学校学生在学校的实训效果难以令人满意。造成实训效果不尽如人意的原因是多方面的，如中等职业学校教师对培训的重视程度和认识程度不够、实训目的不明确、实训的计划性和系统性差、错误选择参加培训的人员、实训方法选择不当、实训效果缺乏检查和评估等。这些原因最终可能会导致学校的费用被浪费或者实训教学没有达到预期的教学目标。实训是一个学习过程，其目标是让学员学到他们需要的知识并提高他们的能力，并能够及时和适当地应用到工作中去。中等职业学校教师要能够给予实训教学效果以及时、准确的评价，进而帮助学生提升专业技能和职业素养。

□学习目标

1. 理解实训效果评价体系的内容
2. 掌握实训评价的标准

□实施指导

    职业教育最大的特色在于它的实训环节，要求培养出来的学生必须具备很强的实践能力，毕业后就能直接上岗工作，满足社会需求。职业院校实训课程效果是实训课在一定条件下对学生职业能力和应用技术能力培养的效果，其评价体系包括实训课程评价指标体系和实训课程考核标准两个方面。

一、实训课程评价指标体系

实训课程评价指标体系体现的是对实训课程"产出"的评价，以及课程实施对学生技术、能力水平提高的影响效果，其评价体系包括三个层面。

（一）能力习得层面

能力习得是能力获取阶段，是通过实训课程习得了能力和技术。能力习得可通过观察、领悟、模仿、反思、态度五个指标给予评价。

（1）观察。"观察"是一种有目的、有计划、比较持久的知觉活动。由于实训课程较强的操作性，学习者对示范操作行为详尽的观察是必需的，也是能力习得的基础。观察水平的高低直接影响到学生获取操作技能的准确性与高效性，从而影响学习者的技术操作是否规范。

（2）领悟。"领悟"是在观察基础上对所学和观察的事物、行为进行分析与理解。在任何能力习得过程中，"领悟"能力都不可或缺，它是将获取的外在信息加工转化并与自身经验融合的过程。在实训课程技能演示过程中，学生领悟水平将直接影响其能力习得的水平。

（3）模仿。"模仿"指比照教师的示范动作进行尝试性操作练习。这是能力习得的主要环节，是逐渐反复进行的一种外显行为。没有"模仿"，"习得行为"将停留在认识层面。模仿可以有两种状态，一是机械性、外在形式的模仿，二是内化的，即有认识参与的模仿。两种状态的模仿效果不同，有认识参与的模仿是我们提倡的、高水平的模仿。

（4）反思。"反思"是能力习得的升华阶段，学生通过"反思"使模仿与观察行为、领悟交互重现，反复比较、甄别，避免偏差，使模仿行为更加"深刻"、更具有针对性和规范性。"反思"应与"模仿""领悟"交替进行。无"反思"的"模仿"是机械性的、无内化的，其能力习得十分有限，难有实质性的提升。因此，"反思"是能力习得的非常重要的环节。

（5）态度。心理学家一般比较赞同用价值内化来描述态度形成的过程。"态度"贯穿能力习得整个过程，并影响能力习得其他指标。"态度"可以分为两极：认同态度与非认同态度。若学生对习得能力的态度达到认同层次，他就会在对（具体的或抽象的）示范行为进行模仿的同时，反复自觉地对自己的模仿行为进行反思，其出发点就是主体企图与榜样一致。

能力习得层面的五个环节彼此相互联系。其中，"反思"是能力习得的核心内容，"模仿"是能力习得的主要环节，"态度"决定能力习得的深刻度。

（二）能力操作层面

实训课程中"能力操作"主要指能按照规定程序及使用工具仪器设备来完成某项实践工作的操作。能力操作的培养是实训课程的重要内容，因此，其评价指标也是实训课程评价体系的关键内容和重要组成部分。能力操作是非常复杂的，我们通过实证研究，将实训课程效能评价中的"能力操作"进行指标细化，包括操作的规范性、熟练性、效率、分析、判断、决策六项指标。

（1）规范性、熟练性和效率。"规范性"是指对某项技能操作方法、程序符合标准、规定的要求。在一系列技能操作中，规范性应作为评价学生是否掌握操作方法、动作要领、注意事项和相关的理论依据的第一标准，它是能力操作层面的基本评价指标。"熟练性"指在规范的基础上，操作娴熟、流畅，这是对学生操作能力的高一层要求。"效率"是对操作时间的要求，指在一定时间内操作顺利完成，它是测量操作水平的一个重要指标。

（2）分析、判断和决策。分析、判断、决策是能力操作综合水平的体现，主要指在一定具体环境中，运用操作技能对操作环境进行分析、判断和决策，并通过能力操作解决实际问题的能力。"分析"水平的高低直接影响着能否将所学操作技能较好地与实际相联系。"判断"指在对众多操作方案分析基础上把"新问题"归并到类似操作模式中，准确找出最适合的问题解决的一种操作方案。"决策"是指在"分析""判断"的基础上，修改完善解决方案，调整操作执行方式的过程。能力操作层面中的分析、判断、决策这三个指标依次承接，是实践思维过程，它们是能力操作的重要构成要素，抽取"思维"的纯机械的能力操作是不完整的。

（三）能力物化层面

能力物化指受训者接受实训课程完成后，以物质形式表现出来的能力水平，包括岗位资格考核、技能竞赛、结果成品三项指标。该维度是实训课程实施后的学生综合能力技术水平的展现。岗位资格考核指国家职业资格认定部门对学生从业资格及上岗资格的考核，是受训人从事所学职业应具有的基本条件，如汽车销售顾问上岗需取得人力资源和社会保障部颁发的营销员（中级）或营销师（初级）技能等级证书。技能竞赛指国家或所在城市、学校等组织的职业技能、技术比赛，若在竞赛中取得好成绩，则显示出该学生具有很高的能力水平。结果成品是实训活动完成后呈现的操作对象具有质量、形式、数量等变化的结果，如管理专业成品是学生根据自己的想法设计出的管理方案。

综上所述，职业院校实训课程效能评价体系的能力习得、能力操作、能力物化三个层面是相辅相成、互为促进的。能力习得是基础，能力操作是目标，能力物化是载体。实训课程效能的评价应该在控制影响因素的前提下对这三个方面进行综合评定。

二、实训课程考核标准

按实训大纲要求，学生必须完成实训的全部任务，并提交实训报告后方可参加实训考核。考核时可根据具体情况，采取不同的方式进行，口试、笔试或两者结合均可。考核内容包括：思想政治表现、劳动态度、组织纪律、任务完成情况及实训日记（笔记）、实训报告（总结）等。

实训成绩按优秀（≥90分）、良好（80～89分）、中等（70～79分）、及格（60～69分）和不及格（<60分）五级记分制评定。评分标准如下。

（1）优秀。能很好地完成实训任务，达到实训大纲中规定的全部要求，实训日记很认真并齐全、完整，实训报告能对实训内容进行全面、系统总结，并能运用学过的理论对某些问题加以分析。在考核时能比较圆满地回答问题，并有某些独到见解。实训态度端正，实训中无违纪行为。

（2）良好。能较好地完成实训任务，达到实训大纲中规定的全部要求，实训日记认真、齐全，实训报告能对实训内容进行比较全面、系统的总结。考核时能较圆满地回答问题。实训态度端正，实训中无违纪行为。

（3）中等。达到实训大纲中规定的主要要求，实训日记较认真，实训报告能对实训内容进行比较全面的总结，在考核时能正确地回答主要问题，学习态度基本正确，实训中无违纪行为。

（4）及格。实训态度端正，完成了实训的主要任务，达到实训大纲中规定的基本要求，能记日记，能够完成实训报告，内容基本正确，但不够完整、系统，考核中能回答主要问题。实训中虽有一般违纪行为但能深刻认识，及时改正。

（5）不及格。凡具备下列条件之一者，均以不及格论。

第一，未达到实训大纲规定的基本要求，实训日记、实训报告马虎潦草，或内容有明显错误；考核时不能回答主要问题或有原则性错误。

第二，未参加实训的时间超过全部时间1/3以上者。

第三，实训中有违纪行为，教育不改，或有严重违纪行为者。

实训期间因故请假（或无故缺席）时间超过全部时间1/3以上者，应令其补足或重新实训。否则，其实训成绩按不及格处理。未补实训或补作实训仍不及格者，按学籍管理的有关规定处理。

□学习范例

阅读以下"实训课教案"，并结合"实训评价报告"了解如何进行实训效果评价。

章节课题	**产品介绍服务**		
使用教材	《文秘实习实训教程》（2005年高等教育出版社出版，徐飚主编）	授课班级	07级公共关系班
教学	1. 技能训练目标：学生使用FAB法，传递产品信息，宣传企业组织形象。		

目标	2. 职业道德养成目标：增强学生的服务意识，提高服务热情，培养爱岗敬业精神。		
教学 重点	在接待服务中，学生学会运用 FAB 法介绍产品。		
教学 难点	将产品介绍和企业形象宣传相结合，突出秘书职业特点。		
技能	在模拟训练中学生具备针对顾客的身份、需求意向介绍产品、宣传企业的能力		
课型	实践演练课	教法 （教具）	任务驱动法　小组合作法 情境教学法
课时	产品介绍服务的第三课时	教具准备	多媒体课件　产品实物
板书 设计	产品介绍服务 课前准备 学生展示 实训评价		
课后 任务	同学们在课后继续运用 FAB 法的知识，每组自设情境，对某款九阳豆浆机（任务一款）进行介绍。选择不同身份、不同年龄的消费者从不同角度有针对性地介绍。模拟演练在下节课中进行展示。	课后 小结	本节课，学生有了自我发挥的空间，通过情境教学，让学生将知识转化为技能，帮助学生有的放矢，与未来岗位更好地衔接。

	教　学　内　容	时间	备注
教学过程	FAB 法是现在应用最广泛的产品介绍方法之一。结合产品的特点，找出特有的优势，转化为带给消费者的利益。主要就是针对客户的需求意向，进行有选择、有目的的逐条理由的说服。 F：feature，产品的特点和属性。 A：advantage，产品与同类产品所具有的优势。 B：benefit，优点所带给顾客的利益。 【实训准备】 "凡事预则立，不预则废。" 为了达到本次实训教学中的目的，课前我做了大量而充分的准备： 1. 选择比较熟悉、接触较多的九阳豆浆机。 2. 带领学生到九阳豆浆机销售专柜，真切感受九阳工作人员介绍产品的技巧。 3. 根据实训的主题，对班级进行了高度仿真的模拟情境的布置。		

教学过程	4. 将产品和企业的相关资料及九阳豆浆机的产品实物发放给了学生。交代实训任务背景：	
	春节来临，某学校领导为感谢全校教师这一年来的辛勤工作，欲购买一批豆浆机发给老师，以表庆祝。假如你是九阳公司团购部经理的秘书，针对校方代表的需求意向，你如何介绍产品的服务，宣传企业？	
	5. 将学生分成四个小组，在组长的带领下，完成以下两个实训任务：①根据资料，运用FAB法进行产品分析，拟写一份介绍产品、宣传企业的解说词。②结合提供任务背景和总结内容，制订切实可行的演示方案。引导学生采用换位思考，如果你是校方代表会针对产品提出哪些问题，并给出答案。	
	6. 为了让学生在操作当中有据可依，使模拟介绍更具专业化，我设定了评价标准：①能够针对客户的需求意向，选择产品的特点，总结优势和利益。②在介绍产品的过程中应按照特点—优势—利益的顺序，逐条进行差异化介绍，同时宣传企业文化和形象。③注重接待客户的礼仪，在介绍产品的过程中语言精练、流畅，具有说服力。④在介绍的过程中，能解答校方代表提出的疑问。	
	【实训过程】	
	1. 开课语	
	机敏创新，运作练达，乐学苦练，内精外华。	
	2. 绝对挑战	
	每组推选两名同学到台前展示，作为校方代表的老师围绕产品向每位展示的同学提出有针对性的问题。学生能较好地处理异议。	
	【实训评价】	
	填写《实训评价报告》。对每组同学的表现进行评价。我做示范操作，对重要细节进行讲解。在评价报告中，我设计了五个方面的内容：豆浆机解说材料评价、产品FAB介绍演示过程评价、解答疑问过程评价、自我评价、教师评价。做到评价主体的多元化。	
	【任务拓展】	
	同学们在课后继续运用FAB法的知识，每组自设情境，对九阳豆浆机这款产品进行介绍。选择不同身份、不同年龄的消费者从不同角度有针对性地介绍。模拟演练在下节课中进行展示。	
	【结束课程】	
	希望同学们在今天实训课上所收获的知识经验，能启迪同学们在日后的学习中找到方向，找到自信，找到快乐。希望每位同学都有志成为未来工作岗位中的栋梁精英。	

实训评价报告

时间： 年 月 日

实训项目名称		产品介绍服务			
豆浆机解说材料评价	1. 结合客户身份，有针对性地选择产品特点	□优	□良	□中	□差
	2. 总结在同类产品中的优势	□优	□良	□中	□差
	3. 概括产品给客户带来的利益	□优	□良	□中	□差
	4. 便于讲解	□优	□良	□中	□差
	5. 语言连贯	□优	□良	□中	□差
	6. 能吸引对方	□优	□良	□中	□差
	评价人：				
产品FAB介绍演示过程评价	1. 接待介绍的礼仪礼节规范	□优	□良	□中	□差
	2. 介绍的过程中按特点—优势—利益的顺序介绍	□优	□良	□中	□差
	3. 边讲解边演示，做到讲解生动	□优	□良	□中	□差
	4. 现场效果好	□优	□良	□中	□差
	5. 结合企业文化宣传企业形象	□优	□良	□中	□差
	评价人：				
解答疑问过程评价	合理、及时、准确	□优	□良	□中	□差
	评价人：				
自我评价	本项目实训内容掌握情况： 未能掌握（主要原因是： ） 很少掌握（已掌握的内容是： ） 基本掌握（未掌握的内容是： ） 已经掌握（主要经验是： ）				
教师评价					
	评价人：				

案例赏析：

本次教学是以实训为主，培养学生运用 FAB 产品介绍法对产品的性能进行说明的练习。在教学过程中，以就业为导向，学生为主体，采用小组合作的形式，运用情境教学法、角色扮演等教学方法，不仅活跃了课堂教学气氛，而且提升了学生积极参与的兴趣，通过评价环节的设计，帮助学生发现不足，找出差距，为日后的学习奠定基础。此次教学取得了较好的教学效果。通过实训教学的自我评价、学生互评、教师评价的环节的设计，来检测学生对知识的掌握情况。

□模拟实训

中等职业学校教师在实训教学中，不仅要做好实训教学内容的设计，还要对学生的表现给予客观的评价，让学生在评价中找到差距，帮助学生明确日后努力的方向。教师的评价环节的点评和依据对学生的专业技能提高是非常重要的。"市场调查与分析"是市场营销专业的核心教学内容之一，问卷调查是市场调查常用的一种调查方式，是中等职业学校市场营销专业的学生应该具备和掌握的重要专业技能。假如你是中等职业学校市场营销专业的教师，在问卷调查的授课环节中，你将如何进行教学设计？在实训的过程中，对学生应掌握的专业技能和素质的培养，你将如何设计评价标准对实训效果进行评价？评价的标准和要求有哪些？

□工具使用

实训教学评价表

实训时间		实训地点		实训班级	
任课教师		所属科系		听课教师	
实训课程（项目）名称					
评价项目		主要内容			评价得分
实训规范（10分）		教学标准、教师实验手册或学生实验手册或实验实习报告等完备，安全措施完善			
实训准备（10分）		①职业训练情境或工作环境布置妥当，训练氛围良好；②教师实训教学安排与教学组织到位，设备条件及安全措施准备良好；③学生现场任务明确、心理准备到位，能够以职场员工的心态投入实训			
实训项目教学设计（20分）		①实训项目整体目标与内容明确，符合教学标准规定的能力培养要求；②实训项目内容分解安排明确合理，能力训练关键环节把握准确、到位；③实训项目教学设计符合行动导向要求，体现学生为主体的自主学习要求			
实训组织管理能力（20分）		①学生实训时间安排合理严谨，学生练习的强度合适，能够体现做中学；②学生现场工作有序，能自觉遵守工作现场纪律			
实训过程质量控制（20分）		①实训中教师现场引导得当、指导正确、训练规范、专业熟练、态度耐心；②实训中操作规范，关键环节有团队讨论交流与过程考核；③教师的组织、引导与指导到位，学生之间与师生之间互动良好			
实训效果（20分）		①项目以物化成果形式表现程度；②学生实践能力、团队协作、创新精神的感知与提升程度；③作业文件合理，技术报告规范			
总分					
简要评价及建议					

□知识巩固

一、多项选择题

1. 能力习得可通过（　　　　）给予评价。
    A. 观察　　　　　　B. 领悟　　　　　　C. 模仿　　　　　D. 反思　　　E. 态度
2. 实训课程的评价体系包括以下层面（　　　　）。
    A. 能力操作　　　　B. 能力习得　　　　C. 能力物化　　　D. 能力练习

二、简答题

1. 实训评分标准是什么？
2. 能力习得层面的五个环节是如何联系的？

项目六

校外顶岗实习

　　校外顶岗实习是学生在学校学习之后、到工作岗位工作之前的过渡阶段，也是将所学理论知识转化成实践能力的起步环节。尽管校外顶岗实习是在企业中进行，但学校和指导教师对学生的指导、监控和管理是影响其实习效果必不可少的工作。本项目旨在指导教师如何对学生的校外顶岗实习进行准备、管理和评价。

任务一　实习准备

□任务导读

　　教师在引领学生进行校外顶岗实习前应做充分的准备，如首先通过调研确定实习单位，掌握实习单位基本情况和要求，并做好实习计划、签订实习协议等。同时还要在学生进入实习岗位前做好实习培训、提出实习要求等。这些准备工作有助于学生迅速适应实习岗位，并保证实习过程的顺利开展。

□学习目标

1. 了解实习准备的内容和程序
2. 掌握实习准备过程中的相关技巧

□实施指导

一、认识顶岗实习

（一）顶岗实习的概念及意义

　　顶岗实习是指在基本上完成教学实习和学过大部分基础技术课之后，到专业对口的现场直接参与生产过程，综合运用本专业所学的知识和技能，以完成一定的生产任务，并进一步获得感性认识，掌握操作技能，学习企业管理，养成正确劳动态度的一种实践性教学形式。

　　不同于普通实习实训，顶岗实习需要完全履行其岗位的全部职责。顶岗实习一般安排在学生在校学习的最后一年，这是符合教育规律的。学生在校经过一个理论知识准备的阶段之后，顶岗实习才会有意义。一个对岗位懵然无知的学生，不仅不能很快适应实习岗位，在一些机械操作性的岗位上，还可能因为缺乏相应理论和知识，危及人身安全。而企业在接收这样的学生实习时，也必须投入更多资源，不但会提高成本，甚至自身的生产也会被拖累，这样的实习生，企业当然不愿意接收。因此，学校必须重视顶岗实习，一方面做好前期的各项准备工作，另一方面做好顶岗实习期间的监管和指导工作。

（二）顶岗实习对学校及教师的职责要求

职业院校需要真正尊重教育规律，使学生在校期间能够夯实理论基础。学校应及时跟踪市场需求的变化，主动适应区域、行业经济和社会发展的需要，有针对性地调整和设置专业，并以就业为导向，以提高学生职业能力为目标。同时改革课程体系，使其更加贴近企业工作流程，使学生进入企业后能够胜任工作。只有这些准备都做好了，顶岗实习才能使学生学到真正的技能，同时实习单位也才可能从中发现可用之才。也只有这样，校企合作才能找到契合点，并长期推动下去。学校对于实习单位来说，也不再是一个硬塞实习生的角色，而是能助推企业发展的人才供应站。

学校在组织学生顶岗实习时，应严格按照专业对口的原则。如果仅仅将学生视为廉价劳动力，甚至以此作为激发企业提供岗位的动力，不仅与其制定的人才培养目标相背离，这样的"校企合作"也是不可能持续的。将顶岗实习转化为简单劳动，不但不能达到学校设计的目的，还会使学生对实习失去兴趣，从而影响其对本职业的正确认知。

从教育过程来说，学生到企业顶岗实习，虽然教育行为没有发生在学校，但是实习过程依然是学校教师教学的重要组成部分，是学生将理论知识转化为实际操作技能的重要环节。对职校学生来说，它更是一个能够在真实工作环境培养严谨的工作作风、良好的职业道德和素质的重要步骤。因此，教师在组织学生实习时，不能以为只要学生不出事，就不用再管其他了。实习是一个重要的教育过程，对于以培养高技能人才为目标的职业教育来说，更是要将行为和思想指导渗透到学生顶岗实习的细节之中。教师应对学生的实习过程进行监控，并随时进行远程的教育和指导。

二、顶岗实习的准备

教师在学生进行顶岗实习前，应做好前期的准备工作，具体包括以下几个方面。

（一）顶岗实习调研

学校要在每年上半年进行顶岗实习调研，清晰掌握本地对营销专业有需求的企业数量多少、规模大小、对学生能力水平要求等情况，形成调研报告，便于更好地达到实习目的，同时满足实习企业需求。

（二）制订顶岗实习计划

为保证顶岗实习工作安排有序，保证所有学生如期上岗进行实习，需制订一份内容完整的实习计划。

（三）签订校企合作顶岗实习协议

为保障学生实习权益不受侵害，保证实习工作的顺利进行，对有合作意向的企业要签订校企顶岗实习双方协议。此项工作由学校负责安排实习就业工作的部门牵头完成。

（四）职业指导训练

中等职业学校学生在一年级都要开设"职业礼仪""职业指导"等课程，学习基本社交礼仪，但在学生顶岗实习前依然需要利用1~2周时间进行职业指导集中强化训练，提高学生职场适应能力。具体训练内容可包括服务礼仪、服务标准、投诉处理等几个方面的训练内容（详见附录一）。

（五）学习顶岗实习的岗位目标

通过顶岗实习，学生要明确营业员、导购员、理货员等市场营销专业相关岗位的岗位职责，增强对岗位职责的感性认识（详见附录二）。

（六）学习顶岗实习要求

学校对学生顶岗实习工作要有统一的要求或制度，对学生在实习期间出现的各种情况给出解决办法，学生顶岗实习之前要认真学习学校的要求或制度。

（七）选择顶岗实习方式与岗位

顶岗实习方式包括统一安排和自主安排。统一安排是所有三年级学生按照学校统一计划进行顶岗实习；自主安排是学生在升入三年级时由学生自行安排实习单位，同时按学校要求向学校提交有关证明材料，学校实习管理部门进行备案，并和其他学生一样进行例行检查考核。

（八）召开家长会与签订三方协议

学生在进行顶岗实习之前，学校实习管理部门协助班主任召开家长会，向家长介绍关于顶岗实习的计划、实习单位情况、实习管理规定，向家长提出配合实习要求，签订学校、企业、家长三方实习协议。

□**学习范例**

范例 1

校企合作学生顶岗实习协议书

甲方：　　　　　　　　　　　　　　　　　（以下简称"甲方"）

乙方：　　　　　　　　　　　　　　　　　（以下简称"乙方"）

　　为帮助毕业班学生完成顶岗实习教学任务，将专业知识运用到实践中，实现理论与实践的紧密结合，以便更好地掌握专业技能，甲乙双方就安排三年级学生在甲方处顶岗实习有关事宜，经友好协商一致，达成如下协议条款，资双方共同遵守。

第一条　合作期限

自　　年　月　日起至　　年　月　日止，合作期满经双方协商一致可续约，续约时，双方另行订立补充协议。

第二条　顶岗实习学生安排

乙方根据甲方企业的需求，结合生源状况，定期择优输送三年级毕业班学生到甲方企业进行顶岗实习。具体每次安排的学生人数、岗位等由双方协商确定。

第三条　双方职责、权利

（一）甲方

1. 负责对乙方安排的顶岗实习学生进行必要的岗前培训,实习学生经培训合格后方可安排上岗实习，顶岗实习学生的相关培训费用均由甲方负责。

2. 甲方需为实习学生提供符合国家规定的安全卫生的工作环境。

3. 实习期间，甲方根据企业规章制度对实习学生进行必要的管理和工作考核，与乙方共同配合对顶岗实习学生进行动态管理。

4. 学生顶岗实习期间，严重违反甲方管理制度或因个人身体等原因确实不适合继续参加实习的，甲方有权要求终止该学生的实习安排。

5. 学生顶岗实习期满的，甲方需为实习学生办理有关实习鉴定事宜，为实习学生在《顶岗实习鉴定表》上签署鉴定意见并加盖企业公章。

6. 学生顶岗实习期满后，甲方有权根据实习期间的表现，择优录用实习学生作为企业员工，有关录用事宜执行现行劳动法律法规规定。

7. 学员在实习期间未经甲方同意不得擅离实习岗位,如遇特殊情况乙方须出具书面沟通函给甲方，但在影响到实习实训安排时甲方有权拒绝。如未经甲方同意乙方单方面要求学生返校并不再继续在甲方处实习实训，甲方有权要求乙方承担学员在企业的相关培训费用。

8. 实习期间，如因实习学生发生工作伤害事故、意外事故或突发疾病时，应及时通知乙方，并及时予以救治。

9.实习期满后依据考核成绩甲方会优先录取在本企业的实习学员。

（二）乙方

1. 乙方选派品学兼优、身体健康的学生到甲方顶岗实习，保证实习生实习前没有黄、赌、毒等不良嗜好，没有急性传染病和其他严重疾病。如因此造成后果，由乙方承担相关责任，并将实习生退回乙方。

2. 协助甲方对实习生实习期间的管理，了解实习生的思想动态，做好沟通与协调工作。

3. 负责提供实习学生在校购买人身意外保险的资料，以保障实习学生在实习期间发生意外事件时，可以配合甲方处理学生的补偿事宜。

4. 因特殊情况需安排实习学生返校的，乙方应提前 7 天通知甲方，实习学生应按照甲方规定办理请假手续。

5. 实习期间，对甲方向实习学生提供的劳动条件、生产安全设备设施、工作内容安排等有权了解和监督；对于甲方的违法行为，有权要求及时纠正，以正当维护实习学生的权益。

6. 属于实习单位的数据、文件、资料等机密档案，乙方具有保密的责任。乙方因有意或无意泄露公司机密者，甲方将视情节轻重给予乙方一定数额罚款，情节严重者追究其法律责任。

第四条 疾病、意外事故及处理

1. 实习学生因从事生产、工作时发生工作意外事故，甲方有责任及时将实习生送往医院救治并第一时间通知乙方，便于乙方及时联系学生家长、保险公司等共同到场处理。

2. 对于在实习场所工作时间内因意外伤害事故造成的各项损失，包括但不限于医疗费用、残疾赔偿金等，由事故责任方依法承担，如就事故责任及赔偿事宜无法协商一致的，各方可循法律途径处理，但不得影响任何一方正常的工作、生产、生活秩序。

第五条 免责声明

实习企业（甲方）不承担（乙方）赔付责任如下：

1. 甲方不承担乙方因做与企业工作无关事情所发生的一切意外事故责任及赔偿责任。

2. 乙方应提高并具备安全防范意识，工作期间，由违章操作造成的乙方本人及甲方企业人员发生的人身事故，或给甲方造成的人员及财产损失，由乙方负责赔偿。

3. 乙方上下班途中，要特别注意人身安全，若出现交通安全等意外事故，责任由乙方全部承担。甲方不承担任何责任。

4. 乙方实习期间，在企业办公楼以外（非因公外出）的情况下，由乙方本人或他人行为导致乙方出现安全事故或人身伤害及财产损失事故的，甲方不承担任何连带责任及赔偿责任。

第六条 解除协议

试用期内，甲方及乙方均有权提出解除试用期协议要求，同时双方均不承担任何形式补偿。乙方离职前须于公司各部结清财、物（电脑设备及办公所使用的物品），办理有关项目生产作业交接手续。

（1）实习人员解除协议办理程序

实习期内，乙方可以在说明原因的情况下向甲方提出中止本协议，但必须提前 5 个工作日正式通知甲方，并做好工作交接方可离岗。

（2）企业解除协议办理程序

试用期内，甲方如发现乙方不符合试用要求或违反公司用工制度等情况时，甲方有权向乙方提出终止试用协议。乙方因触犯国家法律，违反企业规章制度或因犯严重过失，造成企业形象、财务损失，甲方有权解除试用期协议，计薪日到解除协议日终止。解除实习期协议人员必须在 24 小时（一日）之内将其工作交接完毕离开公司。

（3）实习人员在甲方单位实习不满 6 个月的甲方不给出任何证明文件。

第七条 其他

1. 协议未尽事宜，双方另行友好协商解决。

2. 因履行本协议产生争议的，双方友好协商处理，协商不成时，任何一方均可向乙方所在地有管辖权的人民法院诉讼解决。

3. 本协议一式二份，甲乙双方各执一份，具有同等法律效力。协议自双方签字或盖章之日起生效。

甲方：（盖章）　　　　　　　　　乙方：（盖章）

代表人：　　　　　　　　　　　　代表人：

日期：　　年　月　日　　　　　　日期：　　年　月　日

范例 2

学校学生实习管理规定

为规范学生实习工作，全面提高学生实习工作质量，根据《中等职业学校学生实习管理办法》等国家有关政策，参照企业的有关规章制度，结合学校的实际情况，本着对实习单位负责，对学生负责的宗旨，特制定本规定。

第一条 学生实习，主要是指学校按照专业培养目标要求和教学计划的安排，组织在校学生到相关企业等用人单位进行的教学实习和顶岗实习，学生实习是中等职业学校专业教学的必修内容。

第二条 学生实习应该全面贯彻国家的教育方针，实施素质教育，坚持教育与生产劳动相结合，遵循职业教育规律，培养学生职业道德和职业技能，促进学生全面发展，提高教育质量。

第三条 学生实习由学校和实习单位共同组织和管理。学校和实习单位共同制订实习计划，按计划开展专业教学和职业技能训练，并组织参加相应的职业资格考试；学校和实习单位在学生实习期间，维护学生的合法权益，确保学生在实习期间的人身安全和身心健康。

第四条 学校组织安排学生实习，严格遵守国家有关法律法规，为学生实习提供必要的实习条件和安全健康的实习环境。

第五条 学校建立学生实习管理档案，定期检查实习情况，处理实习中出现的有关问题，确保学生实习工作中的正常秩序。

第六条 学校建立学校、实习单位和学生家长经常性的学生实习信息通报制度。学生到实习单位实习前，学校、实习单位和学生本人、家长签订书面协议，明确各方的责任、权利和义务。

第七条 学校和实习单位加强对实习学生的实习劳动安全教育,增强学生安全意识,提高其自我防护能力;实习学生要购买意外伤害保险等相关保险,具体事宜由学校和实习单位协商办理。

实习期间学生人身伤害事故的赔偿,依据《学生伤害事故处理办法》和有关法律法规处理。

第八条 实习学生严格遵守学校和实习单位的规章制度,服从管理。学生实习期间的表现和实习考核成绩作为评价学生的重要依据,违反实习纪律的学生,应接受指导教师、学校和实习单位的批评教育,根据情节严肃处理,直至开除学籍。

1. 实习学生在实习期间实行学校和实习单位双重管理。

2. 实习学生必须按要求参加实习单位规定的培训、上岗或参加其他活动,因故不能参加者,必须履行请假手续。请假必须履行学校、实习单位请假手续,否则,按旷课论处。

3. 实习学生进入工作场地前必须按安全规程规定穿戴好服装和安全帽,不进入设备警戒线内,确保人身安全。

4. 实习学生必须听从师傅指导,严格遵守安全操作规程,爱护设备,不乱动设备,不得无故损坏。如发现故障或异常现象,立即报告值班领导和师傅,未经允许,不得任意启动或停止设备,确保人身、设备的安全。

5. 实习学生必须爱护实习场地的清洁卫生,不随地吐痰、乱扔垃圾,做好实习场地的清洁卫生工作。

6. 实习学生在实习期间,尊重实习单位领导和实习指导师傅,与企业职工要和睦相处,听从安排,服从分配,安心实习工作,虚心求教,刻苦钻研业务,提高实践能力。

7. 实习学生要严守就寝纪律,爱护寝室卫生。

8. 实习学生要团结同学、同事,互帮互助,自尊自爱。

9. 实习学生严禁恋爱,吸毒,喝酒,赌博,打架斗殴,看不健康的书刊、音像;不进入娱乐场所和网吧。

10. 实习学生要自觉遵守社会公德,维护公共秩序。

11. 实习学生有多次迟到、早退等违规行为经教育不改的,企业反映不好的,实习考核成绩不合格的,缓发毕业证三个月。

12. 实习学生因身体等原因确实不能适应实习工作的,要经学校和实习单位按相关规定程序办理离岗手续。不履行请假手续,私自离开企业,学校将不再安排新的实习单位, 实习成绩按零分处理,缓发毕业证半年或不发毕业证。无故不参加实习的,不发毕业证。

13. 实习期间因打架或给企业造成重大经济损失和严重不良影响等,因个人原因被企业开除的,学校将给予开除学籍处分不发其毕业证。

14. 实习学生在实习期间对实习单位有意见应及时与带队教师或学校联系,由学校负责协商，实习学生不得直接与实习单位发生冲突，若无理取闹，给学校声誉造成不良影响，将对其做出相应的处分。

15. 实习结束后，实习学生要写出实习总结，填写实习学生考核鉴定表并存入个人档案。

×××学校

年 月 日

范例 3

实习动员家长会会序

一、班主任主持会议召开

二、班主任介绍本次实习目的

三、实习管理部门教师介绍实习单位情况

四、实习管理部门教师宣读《实习管理规定》

五、实习管理部门介绍顶岗实习计划

六、班主任向家长提出配合实习要求

七、解决家长疑问

八、班主任主持签订三方协议

□模拟实训

步骤一：根据以往实习情况拟制订顶岗实习计划。

步骤二：以班级学生为对象，模拟进行实习前辅导，并提出实习要求。

步骤三：以班级学生为对象，模拟召开实习动员家长会。

□工具使用

顶岗实习计划

一、实习目的：

二、实习内容：

三、实习时间：

四、实习地点：

五、实习学生具体安排：

六、实习领导小组

组长：

副组长：

带队教师：

（部门）

年 月 日

□知识巩固

一、判断题

1. 中等职业学校学生在高一年级都要开设"职业礼仪""职业指导"等课程，学习基本社交礼仪，因此在顶岗实习前不必再对这些内容进行培训。（　　　）

2. 中等职业学校教师在学生进行顶岗实习前必须进行充分的调研，以保证学生实习的顺利有效进行。（　　）

二、简答题

1. 顶岗实习方式包括哪两种？具体内容有哪些？

2. 顶岗实习对学校及教师的职责要求有哪些？

任务二　实习管理

□任务导论

为了保证学生在顶岗实习期间的安全性与规范性，并使学生通过顶岗实习达到对所学理论的进一步熟悉，教师必须对学生顶岗实习过程进行严格管理。管理可以通过现场跟踪管理和远程平台监控管理两种方式进行，在管理的同时，还需要对相关数据进行汇总、整理、分析，以便于通过总结不断完善该项工作。

□学习目标

1. 了解顶岗实习管理的内容
2. 了解顶岗实习的管理方式

□实施指导

实习是实践能力培养的主要教学环节，对于促进理论联系实际、了解学科专业发展现状、增强实践动手能力、提高学生综合素质具有十分重要的作用。为加强实习教学管理，不断提高教学质量，教师需要对学生的顶岗实习进行严格管理。

一、顶岗实习管理的必要性

（1）加强顶岗实习管理是实训课程的需要。职业学校的顶岗实习是在学生完成基础课和部分专业课后进行的教学环节。通过顶岗实习，使学生全面了解企业生产运作，在真实的工作环境下，体会理论与实践的有机结合，在感性认识和理性认识上产生一个飞跃。顶岗实习是强化学生应用能力和实践技能的重要途径。很多职业院校都把顶岗实习纳入专业人才培养方案。顶岗实习课程与一般理论课程不同，学校顶岗实习岗位基本上由学校统一联系，但也有一少部分是由学生自己联系，这样就造成了实习时间不统一，实习地点比较分散，实习人员和岗位难以确定，个别学生联系的岗位与所学专业不对口等现象。还有的学校与企业的沟通协调不够，学生的合法权益得不到保障等问题也经常出现。因此，必须加强顶岗实习管理，确保顶岗实习质量，维护学生合法权益。

（2）加强顶岗实习管理是适应生活节奏变化的需要。顶岗实习开始后，学生要走出校门，从熟悉的"教室—食堂—宿舍"的生活模式，转入到"企业车间—岗位"的生活模式中，学生在实际工作岗位上以"准员工"的身份进行生产实践，接受企业文化的熏陶，企业管理与学校管理有所不同，由"学生"转变成了"员工"，这一生活节奏和生活规律的变化使学生难以适应，个别学生岗位适应能力差，缺乏吃苦精神和敬业精神而消极待岗。有的学生因其他情况出现自行转岗或者半途不辞而别等现象，所以，需要实习指导教师和班主任加强学生思想教育工作，提高学生对企业和岗位的适应性。

（3）加强顶岗实习管理是中等职业院校完善管理制度的需要。中等职业院校学生到企业顶岗实习，会在比较长的一段时间内脱离学校环境，处在完全不同于学校的社会环境中。在顶岗实习期间，学生要扮演实习者和员工两种角色，接受学校和企业的双重管理，复杂的人际关系、繁重的生产劳动、严格的企业管理及种种无法预测的人和事会使个别自律能力差的学生出现违纪行为，给企业造成经济损失，影响学校的声誉。因此，在校企合作过程中，加强顶岗实习管理是中等职业院校完善管理制度的需要，是提高学校办学水平的需要。

二、顶岗实习管理内容

顶岗实习管理包括工作纪律管理、工作任务管理、异常管理、工作评价管理四方面内容。

（一）工作纪律管理

工作纪律管理是指学生在实习过程中遵守《顶岗实习管理规定》《企业员工管理制度》等制度、规定的管理，是确保完成学生顶岗实习任务的必要手段之一，保证学生在实习过程中，遵守工作时间、遵循工作流程、提高安全工作意识。

学校实习管理部门在学生走向顶岗实习岗位之前要做专门强调，系统学习《顶岗实习管理规定》《企业员工管理制度》，企业负责对实习学生日常出勤考核统计，班主任和实习管理老师定期到企业走访考核，通过填写《学生实习考核评价表》实现对学生工作纪律考核。

（二）工作任务管理

工作任务管理是指实习工作任务执行《顶岗实习计划》的情况管理，是确保达到学生顶岗实习目标的重要条件之一，在学校与企业共同制订实习计划的基础上，实习过程中充分体现理论知识与生产实践的深度融合，实现学生综合素质的全面提升。

学生每周通过填写《实习阶段总结》来实现工作任务管理。

（三）异常管理

异常管理是指对实习中发生的突发情况、严重违背《学生顶岗实习协议》、做出突出贡献受到表彰等情况的管理，是确保学生顶岗实习顺利有序进行的重要保障之一，在实习过程中确保学生、学校和企业三方利益得到有效的保护。

对于出现的异常情况要及时会同企业、家长、学校共同解决，解决的结果要求企业、学校、家长签字，形成书面文档备查。

（四）工作评价管理

工作评价管理是指企业（或指导教师）对学生在实习过程中的工作表现给予定期的综合评价，是保证实习取得预期效果的重要手段之一，客观地反映学生工作适应性、工作效率、应变能力等诸方面能力。

工作评价管理通过实习管理老师的定期检查、班主任定期到企业走访，填写《学生实习考核评价表》实现。

三、顶岗实习管理方式

顶岗实习的管理方式包括现场管理和管理平台管理两种。

（一）现场管理

现场管理是指学校（或企业）在实习过程中安排专门人员采用实时跟踪的方式对学生进行管理的一种方式，对实习情况进行记录、评价的管理模式。主要有学校管理、企业管理、实时管理、分时管理等路径。

（二）管理平台管理

管理平台管理是指借助学校的实习管理平台，采用学校与企业主动管理和学生自主管理的管理方式。学校与企业实时上传学生实习信息,学生定期提交上传实习工作信息,通过平台实现对实习学生的管理。目前中等职业学校的数字化校园平台越来越完善,通过平台管理实习工作已经成为常态。

□学习范例

职业学校学生实习管理工作的十二项措施

在教育部第一次专门就实习管理工作部署召开工作会议上,时任教育部副部长鲁昕指出,《国家中长期教育改革和发展规划纲要(2010—2020年)》颁布实施以来,在社会各界支持和职业教育战线的共同努力下,职业教育实习管理工作明确了学生实习定位,制定实习管理的部分制度,建立了学生实习企业相关免税制度,探索形成了一些好制度、好经验、好做法。

职业学校学生实习管理工作提出的十二项措施:一是提高认识加强领导,把加强学生实习管理作为推动职业教育改革创新和质量提高,提升职业教育服务能力的重要举措。二是加强制度建设,明确校企合作各方的权利、义务和责任,构建分级管理、分级负责、层层落实的学生实习管理政策制度体系。三是研究制定学生实习标准和监督检查政策措施,逐步建立和完善国家、地方、学校三级实习标准,探索建立实习标准动态更新机制。四是落实各方管理职责,教育行政部门要切实加强统筹管理,职业学校要切实加强过程管理,班主任和实习指导教师要切实加强跟班指导。五是进一步明确中等职业、高等职业和五年制职业教育学生实习时间安排原则,探索灵活多样的实习组织形式。六是建立校企经常性磋商机制,拓展合作育人的有效途径。七是学校与实习单位建立实习指导机制,确保学生实习岗位与所学专业基本对口,学以致用。八是把提高学生诚信品质、敬业精神和责任意识等人文素养融入实习全过程。九是科学设定学生实习的质量标准,确保学生实习期间切实掌握工作岗位所需要的技能。十是组织好实习学生的岗前培训、实习中的劳动保护和安全等工作,为实习学生投保相对应的学生实习责任保险等险种,切实保障实习学生合理报酬。十一是探索多种职业学校学生实习的实现形式,充分利用现代信息技术,构建学生实习宏观管理、远程指导和信息服务的平台。十二是针对实习工作中的困难和问题提出科研项目和实施计划,研究解决对策。

□模拟实训

步骤一:跟随顶岗实习现场管理并学习如何管理。

步骤二:练习使用管理平台。

□工具使用

顶岗实习校内指导教师指导记录表

学生姓名		实习单位		实习岗位	
序号	日期	指导检查内容		阶段考核意见	学生签名

指导教师签字：　　　　　　　　　　　　　　　　日期：

□知识巩固

一、单项选择题

1. （　　　　）是指学生在实习过程中遵守《顶岗实习管理规定》《企业员工管理制度》等制度、规定的管理，是确保完成学生顶岗实习任务的必要手段之一，保证学生在实习过程中，遵守工作时间、遵循工作流程、提高安全工作意识。

　　A. 工作纪律管理　　　　　B. 工作任务管理　　　　C. 异常管理　　　　D. 工作评价管理

2. （　　　　）是指实习工作任务执行《顶岗实习计划》的情况管理，是确保达到学生顶岗实习目标的重要条件之一，在学校与企业共同制订实习计划的基础上，实习过程中充分体现理论知识与生产实践的深度融合，实现学生综合素质的全面提升。

　　A. 工作纪律管理　　　　　B. 工作任务管理　　　　C. 异常管理　　　　D. 工作评价管理

3. （　　　　）是指对实习中发生的突发情况、严重违背《学生顶岗实习协议》、做出突出贡献受到表彰等情况的管理，是确保学生顶岗实习顺利有序进行的重要保障之一，在实习过程中确保学生、学校和企业三方利益得到有效的保护。

　　A. 工作纪律管理　　　　　B. 工作任务管理　　　　C. 异常管理　　　　D. 工作评价管理

4. （　　　　）是指企业（或指导教师）对学生在实习过程中的工作表现给予定期的综合评价，是保证实习取得预期效果的重要手段之一，客观地反映学生工作适应性、工作效率、应变能力等诸方面能力。

　　A. 工作纪律管理　　　　　B. 工作任务管理　　　　C. 异常管理　　　　D. 工作评价管理

二、简答题

1. 顶岗实习管理的必要性是什么？

2. 顶岗实习的管理方式包括哪两种？具体内容是什么？

任务三 实习考评

□任务导论

为了保证学生顶岗实习的顺利开展，教师需要对学生进行实习考评。一方面能够督促学生按要求进行实习，另一方面能够发现学生实习过程中存在的问题，帮助学生及时进行调整。同时也能够通过实习考评的总结分析促进下一级学生实习过程的改进。

□学习目标

1. 了解实习考评的内容
2. 了解实习考评的方式

□实施指导

一、顶岗实习考评的意义

顶岗实习是中等职业学校实践教学体系中不可缺少的重要环节，顶岗实习的质量直接关系到人才培养的质量。对学生顶岗实习质量进行合理的考评，对于规范顶岗实习管理，提高顶岗实习质量具有重要的现实意义。

（1）顶岗实习过程主要包括计划、组织与动员、实施、考核、总结与表彰几个阶段，其中考核既是对实习计划、组织与动员、实施各环节的检测与反馈，也是实习工作进行总结与表彰的重要依据，在实习工作中起到重要桥梁作用。

（2）对顶岗实习效果进行客观评价，不仅可以对实习指导教师和学生起到监督和激励作用，而且可以了解顶岗实习各方面的情况，从而判断它的质量和水平、成效和缺陷，以利于指导今后实习工作质量稳步提高。

（3）顶岗实习考核具有检查、评估、监督、控制、导向等多方面的作用，通过考核可以评价学生的实习效果，也可以间接评价教师的教学水平和学生的学习水平，管理者更可据此制定相应政策，采取相应措施，促进教学质量的提高。

二、顶岗实习考评的主体

针对实习过程中学生的具体表现，从职业态度、职业能力和价值观等方面进行实习考评。主要指标为职业素养、工作态度、敬业精神、专业能力、协作能力、创新意识、出勤率、实习日志、实习总结等，可由自我评价、学校指导教师评价和企业指导教师评价等三个方面考评。（参见本任务中的"工具使用"中的《学生实习考核评价表》）

（一）自我评价

自我评价是指实习学生针对实习过程自身表现和体会，客观分析收获与不足，给予本人的评价。评价指标在实习日志、实习总结中有所体现。（参见任务四的"工具使用"中的《顶岗实习工作总结》）

（二）学校指导教师评价

学校指导教师评价是指由学校实习指导教师或实习管理教师对实习任务布置到实习任务结束，针对学生表现给予的评价。评价指标主要由个人品德、实习态度、实习成绩、纪律表现等几方面构成。个人品德包括是否尊敬师长、是否爱岗敬业、是否具有互助精神等；实习态度包括仪容仪表、是否主动学习、是否具有安全意识、是否能够勤劳规范等；实习成绩包括技能水平、获得表彰情况、工作日志完成情况、资料收集情况、实习总结完成情况等；纪律表现包括是否服从安排、出勤情况等。

（三）企业指导教师评价

企业指导教师评价是指由企业实习指导教师或岗位班组在实习过程中，针对学生表现给予的评价。评价指标主要由个人品德、工作态度、工作成效、工作纪律、协作能力、创新意识等几方面构成。个人品德包括待人接物表现、沟通协调表现、适应能力、团结合作情况等；工作态度包括仪容仪表、能否主动学习、是否具有安全意识、是否能够勤劳规范、是否乐于助人等；工作成效包括是否具有掌握基本工作要求的能力、是否具有规范工作的能力、是否具有技能提高的能力、是否具有创造效益的能力、是否具有工作创新的能力等；工作纪律包括是否遵守制度、出勤情况如何、是否服从安排、是否接受指导等；创新意识包括能否主动钻研、能否提出合理建议等。

三、顶岗实习考评的方式

顶岗实习考评的方式包括：阶段考评，即将实习过程分为几个阶段，由学校与企业对学生实习进行目标性比较强的考核评价；终期考评，即在实习结束阶段由学校与企业对学生实习进行综合性的考核评价；学校考评，即由学校指导教师（或实习管理部门）对学生完成实习工作任务情况进行的一种综合性考核评价；企业岗位考评，即由企业指导教师（或班组）对学生实习工作中完成任务情况进行的一种综合性考核评价；实习管理平台考评，即借助管理平台对学生实习情况进行指标性考核评价。

四、顶岗实习考评指标体系

为了保证顶岗实习考评的科学性，可以通过考评体系的建立进行规范考评。顶岗实习以其工作岗位的真实性、工作环境的复杂性、工作经历与体验的综合性成为高职实践教学体系不可缺少的重要环节。构建科学、合理的顶岗实习评价体系有助于促进学生顶岗实习规范管理，保证顶岗实习质量。

（一）指标体系构建原则

（1）导向性原则。顶岗实习考核评价体系是各专业人才培养方案在实践教学方面的具体化和规范化，具有很强的导向性。评价指标体系必须根据专业培养目标、专业实习标准科学制定。

（2）系统性原则。顶岗实习的全过程包括顶岗实习筹划、顶岗实习实施和顶岗实习总结三个阶段。由于顶岗实习过程的时间较长，管理难度较大，要对学生顶岗实习进行客观评价，首先必须对顶岗实习的全过程进行全面系统的规划，评价结果要充分结合过程考核，将过程性考核与终结性考核紧密结合，过程性考核可以从顶岗实习的几个阶段把握评价的真实性和客观性，从各个环节控制顶岗实习的质量。终结性考核可以从总体上把握学生顶岗实习的成效及其职业技能的提升情况。过程性考核与终结性考核相结合，能使整个评价结果更客观公正。

（3）多元性原则。学生顶岗实习成绩的考核评价，应采取学校与企业共同参与、共同评价的办法。学校侧重考核学生顶岗实习的岗位任务完成情况，主要从学生的实习成果及报告等方面进行了解；企业侧重考核学生在企业的工作情况，包括职业素养和职业技能等方面。

（4）可操作性原则。评价体系的建立要体现可操作性原则。各项指标定义要明确，不能含糊，指标数据要易于采集和相对真实可靠，能对学生顶岗实习工作进行有效、可信的度量，计算公式要科学合理，评价过程力求简单，便于掌握和操作。

（二）指标体系的内容

顶岗实习考评指标体系可以从以下几个方面进行构建。

（1）工作态度。工作态度是对工作所持有的评价与行为倾向，包括工作的认真度、责任度、努力程度等，由于这些因素较为抽象，通常只能通过主观性评价来考评。

（2）职业素养。职业素养是指职业内在的规范和要求，是在职业过程中表现出来的综合品质。

（3）专业技能。通过顶岗实习，学生把在校所学的专业知识、掌握的专业技能运用到实际工作中，在实际工作中提高自己的业务能力和专业水平。提高业务能力、增强就业竞争力是顶岗实习的核心目的，因此专业技能是顶岗实习考核必不可少的内容。

（4）协作能力。协作能力是指建立在团队的基础上，发挥团队精神、互补互助以达到团队最大工作效率的能力。对于团队的成员来说，不仅要有个人能力，更需要有在不同的位置上各尽所能，与其他成员协调合作的能力。

（5）创新意识。创新意识是根据社会和个人生活发展的需要，引起创造前所未有的实物或观念的动机，并在创造活动中表现出的意向、愿望和设想，它是一种积极的、富有成果性的表现形式，是进行创造活动的出发点和内在动力。

□学习范例

镇平县工艺美术中等职业学校实习实训教学考核制度

在实训教学中，系统地、正确地考核与评定学生的学训成绩，是实训教学过程中的一项重要内容。实行严格的实训考核制度，可以在教师、学生和教育管理三个方面起到反馈作用，有利于促进、巩固教学效果和总结实习教学经验，是提高实习教学质量的重要方法之一。

一、考核的内容

（1）考核学生对本专业技术知识和操作技能、技巧理解及运用的程度。

（2）考核学生遵守工艺规程、安全文明生产、实习劳动态度等职业道德的情况。

（3）考核学生利用专业技术解决实际问题的综合能力。

二、考核的原则

（1）实训指导教师应当坚持经常地、有计划地对实习进行考核，这样才能及时发现教学中存在的问题，并加以调整和改进教学内容及方法。

（2）考核必须采取客观的、统一的标准，防止对学生的实习活动及完成的工作采取主观的、偶然的和任意的评定。

（3）教师评定学生的成绩应当是公正的、准确的，能够真实地反映学生的知识、技能和技巧的实际水平，保持成绩的真实性和严肃性。要公开评分标准和每个学生的实习课题成绩，使成绩成为鼓舞学生努力学习的积极因素，让学生知道为什么会得到这个成绩，今后应如何发扬优点、克服缺点。

（4）实训教师在技能考核中可结合口头答辩，以考核一些专业基本理论知识和在本校无法实施的方法。

三、实习成绩的评定

（1）实习成绩的评定要求。由指导教师负责评定学生实习成绩。考核成绩由综合测评成绩和技能考核成绩两部分组成。综合测评成绩按学生对实习的出勤、实际表现、遵守规章情况和劳动态度评定，成绩占总成绩的30%。技能考核成绩按学生的实习日记、实习作业、实习报告和实习操作考试成绩评定。会计专业指凭证的填制、账簿的登记、报表的编制等；机械专业指工件能否按时完成、完成质量等；计算机及其他专业指实习任务完成情况、实习报告填写等。技能考核成绩占总成绩的70%。考核成绩按优（90分以上）、良（80分以上）、中（70分以上）、及格（60分以上）、不及格（60分以下）五级评定。

　　每个学期学生共有两个实习成绩。一是专业实施性教学计划或第二课堂安排的实习实训（即前 15 周周二、周四的实习）成绩；二是期末集中实习实训课成绩。

　　（2）实习成绩评定，有下列情况之一者，其成绩以"不及格"论。

　　第一，无故缺勤累计超过 1/3 者；

　　第二，因工作不负责任造成严重后果者；

　　第三，实习业务工作发生重大错误者；

　　第四，不服从组织分配，违法乱纪者。

　　（3）凡实习实训成绩低于 60 分的，均应进行补考。阶段性补考不及格者，不得参加技能鉴定。

　　（4）实训指导教师在实习实训结束后，必须按规定时间将实习实训成绩汇总表与其他资料一道交到教务处。

□模拟实训

步骤一：制定《学生实习考核评价表》。

步骤二：参考学校已有顶岗实习教师评价的内容，模仿进行评价。

□工具使用

学生实习考核评价表

姓名		性别		专业及班级	
实习时间	年　月　日至　年　月　日				
实习单位					
实习岗位					
出勤情况	病假天数		旷工天数		出勤天数
	考勤成绩：□优 □良 □中 □合格 □不合格				
企业指导教师评价	劳动纪律：□好 □较好 □一般 □差 工作态度：□好 □较好 □一般 □差 专业技能：□好 □较好 □一般 □差 团队精神：□融入集体 □不善于沟通 工作效果：□胜任工作 □还需适应 综合评价：□优 □良 □合格 □不合格 单位（章） 　年　月　日				
学生实习反馈意见	工作环境：□好 □一般 □差 实训项目：□安排合理 □一般 □与实训计划不一致 师傅指导：□指导到位 □一般 □差 操作能力：□提升很大 □有提升 □不明显				

续表

学校带队教师评价	□优秀：严格守时守纪，态度认真，技能突出，团队合作意识强，胜任实习工作。 □良好：守时守纪，有请假情况，态度认真，有合作意识，基本胜任实习工作。 □及格：请假超过 1/5，态度比较认真，有合作意识，实习工作岗位胜任 60%。 □不及格：请假超过 1/3，态度不够认真，合作意识较差，实习工作胜任不足 50%。 学校带队教师签字： 年　月　日

□知识巩固

一、多项选择题

1. 学生顶岗实习考评的主体包括（　　　）。
    A. 自我评价　　　　　　　　　　B. 学校指导教师评价
    C. 企业指导教师评价　　　　　　D. 学生家长评价
2. 学校教师对学生顶岗实习评价的指标主要包括（　　　）。
    A. 个人品德　　　B. 实习态度　　　C. 实习成绩　　　D. 纪律表现

二、判断题

1. 阶段考评是指将实习过程分为几个阶段，由学校与企业对学生实习进行目标性比较强的考核评价。（　　　）
2. 学校考评是指在实习结束阶段由学校与企业对学生实习进行综合性的考核评价。（　　　）
3. 终期考评是指由学校指导教师（或实习管理部门）对学生完成实习工作任务情况进行的一种综合性考核评价。（　　　）
4. 实习管理平台考评是指由企业指导教师（或班组）对学生实习工作中完成任务情况进行的一种综合性考核评价。（　　　）
5. 企业岗位考评是指借助管理平台对学生实习情况进行指标性考核评价。（　　　）

任务四　资料整理

□任务导论

　　资料整理是学生在顶岗实习结束后教师需要做的必不可少的一项工作，一方面是学生在实习后如需要相关资料时，学校可以方便提供备份材料；另一方面是学校可以统计学生的实习单位信息和实习情况信息，便于以后在指导学生的实习过程中做参考。

□学习目标

1. 了解学生顶岗实习结束后需提交整理的资料
2. 了解学生顶岗实习资料的整理要求

□实施指导

在学生顶岗实习结束后，教师首先要对学生提交的材料进行整理，进而根据实习材料及其相关信息进行数据分析，以便于对实习情况及效果进行总结，进而为下次顶岗实习提供参考依据。

一、实习材料收集整理

在学生顶岗实习结束后，教师要求学生提交的材料包括以下几个方面，并按要求进行整理归档。

（一）顶岗实习协议装订归档

（1）校企合作顶岗实习协议书。分专业按照签订时间先后顺序排列，用打号机重新打好页码，按照新页码制作目录，进行装订归档；由实习安排部门负责整理保管，或根据不同学校的不同要求确定保管部门和保管年限。

（2）企业、学校、学生三方协议。按照班级学生学籍名册顺序排列，最上面附上学生名单，没有实习协议书的学生要进行说明；由班主任等班级管理人员负责整理保管，或根据不同学校的不同要求确定保管部门和保管年限。

（二）计划备份归档

实习计划要求按照专业制订，当年的实习计划分专业归类，用打号机重新打好页码，按照新页码制作目录，进行装订归档；由负责安排实习部门保管，或根据不同学校的不同要求确定保管部门和保管年限。

（三）实习管理记录整理归档

（1）学生实习报告。按照班级学生学籍名册顺序排列，最上面附上学生名单，没有参加实习的学生要进行说明；由班主任等班级管理人员负责整理保管，或根据不同学校的不同要求确定保管部门和保管年限。

（2）考核评价表。实习结束后，考核评价表按表中项目填写齐全，企业盖章；由班主任等班级管理人员或实习管理人员负责整理；或根据不同学校的不同要求确定保管部门和保管年限。

（四）实习管理考评数据分析报告提交并归档

实习结束后，每位同学要写一份实习总结，企业、学校实习管理人员要对每位同学出具实习鉴定，实习鉴定可以统一印制表格，也可以和实习总结合二为一，按照班级学生学籍名册顺序排列装订归档，或根据不同学校的不同要求确定保管部门和保管年限。

（五）顶岗实习奖励、处分资料归档

根据学校的实习管理规定，对顶岗实习学生进行考核，对做出突出贡献的学生进行奖励，对违反学校实习规定的学生进行处罚，结果都要形成书面材料，由班主任等班级管理人员或实习管理人员负责整理归档；或根据不同学校的不同要求确定保管部门和保管年限。

（六）顶岗实习活动图片、影像资料整理保存

顶岗实习工作是学生在校期间的重要学习环节，学校要安排专门人员采集影像资料，要通过照相、摄像等手段记录整个实习工作，待实习结束后，对收集的影像资料进行整理筛选，每张照片要按照时间、人物、场景备注说明，按照实习企业建立文件夹进行分类，由实习安排部门负责保管，或根据不同学校的不同要求确定保管部门和保管年限。

（七）专业顶岗实习总结报告

每年的顶岗实习工作结束后，要由实习安排部门对全校的顶岗工作进行详细总结，总结报告包括实习目的、实习专业、实习安排情况、实习班级、实习过程情况、实习存在问题及解决办法。

二、实习数据分析

顶岗实习考评结束后，教师应汇总各种实习管理信息及考评数据，进行综合分析。如分析专业课程设置、教材选择与企业岗位要求的差异性；分析顶岗实习计划与企业岗位工作需求的差异性；分析学生实习工作表现与企业岗位人才需求的差异性等。同时，提出科学合理的完善建议，形成可供参考的分析报告。

□学习范例

关于校外生产实习结束上交资料的通知

一、校外生产实习

本学期的校外生产实习即将结束，要提交纸质版原件的资料，寄回学校，学院备案。

现将资料的要求说明如下，资料按以下顺序排列装订：

1. 封面（封面内容自行填写）；

2. 校外分散教学学生实习内容选题审批表(选择两个课题，可以和实习内容相关，把课题内容填入表中）；

3. 校外分散教学学生月实习小结（生产实习5个月，5篇月实习小结；实习单位指导教师要写评语）；

4. 校外分散教学实习报告书(3000字左右；实习单位指导教师要签名并写评语)；

5. 课题报告（内容按课程设计格式书写，不用任务书部分和评语部分）。

二、毕业实习

下学期我们还有一个月的毕业实习时间，实习结束后要交的材料如下：

1. 一篇月实习小结；

2. 校外分散教学实习成绩鉴定表。

三、校外实习资料收取说明

为避免我们两次邮寄的麻烦，学院研究决定，在毕业实习结束后，统一将纸质版实习材料（校外生产实习资料和毕业实习资料）寄回学校给我，由我收齐后整理，并最后评定实习成绩。

另外，请大家把要交的资料提前准备，特别是需要实习单位盖章的表，由此引起的问题，大家自己负责。

□模拟实训

步骤一：查阅前期学生顶岗实习上交的材料，并列出清单。

步骤二：查阅前期学生顶岗实习指导教师的数据分析或工作总结，进行学习。

□工具使用

顶岗实习工作总结

一、实习目的

二、实习专业及班级

三、实习安排

四、实习过程情况

五、实习存在问题及解决办法

□知识巩固

简答题

1. 学生顶岗实习结束后，教师需要整理归档的协议有哪些？
2. 学生顶岗实习结束后，教师需要整理归档的实习管理记录有哪些？

附　　录

附录一　顶岗实习准备期的训练内容

1. 仪容

（1）面容。女士：面部应保持清洁，如需戴眼镜，应保持镜片的清洁。工作时应化淡妆，以淡雅、自然为宜，不得使用色彩夸张的口红和眼影；口红应使用中性或暖色系列的颜色，眼影颜色应与工装颜色协调。男士：忌留胡须，养成每天修面剃须的良好习惯。面部应保持清洁，眼角不可留有分泌物，鼻孔清洁，平视时鼻毛不能露于鼻孔外。

（2）口腔。女士：保持口腔清洁，早、中餐不得吃有异味的食物，不得饮酒及含有酒精的饮料，牙缝间不留有残余物。男士：不得在工作时间吸烟。

（3）耳部。女士：耳郭、耳根及耳孔应每日清洗，不可留有皮屑、灰尘；如佩带耳饰应以佩戴一副素色耳钉为宜。男士：不得佩带耳饰。

（4）手部。女士：保持手部的清洁，定期修剪指甲，长度不得超过2毫米，可涂用无色指甲油。应勤换内外衣物，给人清新的感觉，可喷洒适量香水，但禁止使用味道过于浓烈的香水。男士：指甲长出的部分不得超过1毫米。

2. 发型

头发需勤洗，无头屑且梳理整齐。长发应盘于脑后并用公司统一配发的发夹进行装饰，前发不过眉，前发不附额、后发不触领、发鬓不过耳，不留奇异发型或染奇异颜色（如有特殊原因需染发的，只限黑色或棕色）。

3. 着装

工作时间穿公司统一制服，制服要干净整洁、无破损、无污迹，衣扣要完好、齐全。头花、方巾要按照规定佩戴整齐规范。

员工上岗统一佩戴工号牌，在左上胸离肩部约20厘米处。工号牌只限本人使用。不得歪带、斜带、反带，字迹要清晰、无污损等。

衬衫袖口的长度应超出西装袖口1厘米为宜，袖口应系上纽扣，衬衫下摆应束在裤、裙内。

穿裙装时，穿连裤肉色丝袜，丝袜不得有挑丝、破损的情况。

着黑色中跟皮鞋，鞋跟高 3～6 厘米，皮鞋要保持光亮、清洁，不得配穿休闲鞋、布鞋，夏天上岗不得穿露趾、露跟的凉鞋。

4. 饰品

迎宾绶带佩戴得体整洁，以不遮挡工号牌为宜。

女士可佩戴的饰品有项链、戒指、手表、耳钉，不得佩戴其他饰品；所佩戴的饰品款式不得夸张。佩带公司统一的丝巾，丝巾一角向一侧倾斜，可以与工号牌平齐。丝巾打结处需塞至衣领内且应保持丝巾整洁、平整。

5. 形体仪态

（1）站姿：双目平视前方，下颌微微内收，颈部自然挺直；双肩自然放松，略向后收，收腹挺胸；双臂自然下垂，处于身体两侧，将双手自然叠放于小腹前，拇指交叉，右手放在左手上；两腿并拢，两脚呈"丁"字形站立。服务人员在站立时间较长的情况下，为缓解疲劳可以采用一些有变化的站姿，但在变化中应力求姿态优雅，勿给人以懒散的感觉。具体要求：可将身体的重心向左或右腿转移，让另一条腿放松休息。但如有客户走近，应立即恢复标准站姿。

（2）坐姿：身体端正，两肩放松，勿倚靠座椅的背部；挺胸收腹，上身微微前倾；采用中坐姿式，坐时占椅面 2/3 左右的面积。日常手部姿态：自然放在双膝上。柜台手势：双手自然交叠，将腕至肘部的 2/3 处轻放在柜台上。腿的姿势：双腿并拢垂直于地面；右或左脚交叠于左或右脚后侧，放置于前的小腿与大腿成直角，前脚正朝前方。

入座姿态：入座时应保持平稳、轻松，避免座椅发出声响；女士在入座时应用右手轻轻按住上衣前襟，用左手抚平后裙摆，以优雅姿态缓缓坐下；女士如因坐立时间过长而感到疲劳时，可以适当调整腿部姿势，即在标准坐姿的基础上将双腿向左或向右自然倾斜，但双腿不得分开。

离座姿态：离座时，身旁如有人在座，须以语言或动作向其先示意，随后方可起身；起身离开座位时，应动作轻缓，尽量不发出声响；离座时，应先起身站定后再离去。

坐姿禁忌：切忌坐在椅子上来回转动或来回移动椅子的位置；不要采用"4"字形的叠腿方式；在座椅上，切忌大幅度将双腿叉开，或将双腿平伸出去，更不得将脚伸入座椅下面或用脚勾住椅子的腿。

（3）行姿：明确前行目标方向；保持身体各部位协调、平稳，男士应步态稳健，女士应步姿优美；应保持步伐从容，步幅适中、左右平衡，步速均匀，走成一条直线；双臂前后自然摆动，挺胸抬头，目视前方。

行进指引姿态：行进指引是在行进中带领、引导客户；请客户开始行进时，应面向客户稍许欠身；若双方并排行进时应按照"以右为尊"的原则，服务人员位于客户的左侧；双方单独行进时，服务人员应位于客户左前方一米左右的位置上；在陪同引导客户时，服务人员行进的速度应与客户保持协调；行进指引的过程中如需经过拐角或楼梯之处时，应及时地提醒客户，不要将客户置于身后不顾；在与客户进行交谈或答复其提出的问题时，应侧转身目视客户。

不接待客户姿态：可以调整自己的坐姿和站姿，使自己保持较轻松的生理状态；不得弯腰塌背趴在工作台席上；工作人员之间不得交头接耳、嬉笑怒骂。

柜台服务手势：站立服务时，应采用标准站姿，双臂自然下垂，处于身体两侧；以坐姿服务于客户时，要求上身保持正直，身体趋近于柜台，手臂自然弯曲，将腕至肘部的 2/3 处搭在桌面或柜台边沿，双手自然叠放在桌面上。

方向指示手势：为客户指示方向时，上身略向前倾，手臂要自下而上从身前自然划过，且与身体成 45 度夹角；手臂伸直，五指自然并拢，掌心向上，以肘关节为轴指示目标方向，用目光配合手势所指示的方向；手势范围在腰部以上、下额以下，距身体约 1 厘米的距离，五指自然并拢。

出入房间礼仪：进房间前要先敲门，得到允许后再入内；敲门时，隔 5 秒钟轻敲两下；出房间时应面向客户，礼貌地倒退两步，道别后轻轻把门关上。

6. 电话礼仪

电话铃声响起，三声以内接起电话；接起电话时，用规范的语言问候客户："您好，××部，请问有什么可以帮到您？"在客户陈述期间，随时进行记录，在客户结束陈述后，根据记录将要点重复，和客户进行确认；如客户所咨询的问题可立即回答，应当场给予肯定的答复；如客户所咨询的问题不能给予确切答复，应说明原因，请客户留下联系电话，并给予确切的答复时间；通话结束后应在客户挂机后再挂断电话。

7. 递接物仪态

递送时，上身略向前倾；眼睛注视客户手部；以文字正向方向递交；双手递送，轻拿轻放；如需客户签名，应用拇指、食指和中指轻握笔杆，笔尖朝向自己，递至客户的右手中。

名片要用双手接受或呈送；接过名片先仔细看，轻声阅读对方的名字，然后将客户的名片放好。

8. 微笑服务标准

面部表情标准：在客户走入视线 1.5～2 米范围内用目光迎接客户，当与客户视线接触时，微笑并点头示意；面部表情和蔼可亲，伴随微笑自然地露出 6～8 颗牙齿（根据个人美观程度），嘴角微微上翘；微笑注重"微"字，笑的幅度不宜过大。微笑时真诚、甜美、亲切、善意、充满爱心。口眼结合，唇、眼神含笑真诚、亲切、自然，面部肌肉放松，嘴角微微上翘，使唇部略呈弧形。

9. 眼睛眼神标准

面对顾客目光友善，眼神柔和，亲切坦然，眼睛和蔼有神，自然流露真诚。眼睛礼貌正视顾客，不左顾右盼、心不在焉。眼神要实现"三个度"：①眼神的集中度，不要将目光聚集在顾客的脸上的某个部位，而要用眼睛注视于顾客脸部三角部位，即以双眼为上线，嘴为下顶角，也就是双眼和嘴之间；②眼神的光泽度，精神饱满，在亲和力理念下保持慈祥的、神采奕奕的眼光，再辅之以微笑和蔼的面部表情；③眼神的交流度，迎着顾客的眼神进行目光交流，传递你对顾客的敬意与你的善良之心。

10. 声音语态标准

声音要清晰柔和、细腻圆滑，语速适中，富有甜美悦耳的感染力；语调平和，语音厚重温和；控制音量适中，让顾客听得清楚，但声音不能过大；说话态度诚恳，语句流畅，语气不卑不亢。

11. 规范用语

基本服务用语：

（1）欢迎语：欢迎光临。

（2）问候语：您好/早上好/下午好/新年快乐/节日快乐。

（3）送别语：再见/请慢走/欢迎下次光临。

（4）征询语：需要我的帮助吗？/有什么可以帮到您？/我可以帮忙吗？

（5）道歉语：对不起/很抱歉/请您谅解/这是我们工作的疏忽。

（6）致谢语：谢谢您的夸奖/谢谢您的建议。

（7）礼貌语：当对客户提出要求时，用"请"字；当接到客户任何物品时，用"谢谢"；当对客户提出要求时，用"对不起"。

（8）结束语：谢谢您，请慢走。

12. 谈话礼仪

当与客户交流时其他工作人员不得插话打搅，待客户离开时另行处理；如确有紧急事项必须处理时，需向客户说明原因并表示歉意，同时将工作妥善移交给其他同事方可离开。

在工作场合，不得用俚语、方言、口头禅等不规范的语言；在工作场合，不得使用任何歧视、侮辱、嘲笑客户的语言。

13. 投诉处理

当客户在公共区域投诉时应先安抚客户，应由专人陪伴客户到宁静、舒适和与外界隔离的客户接待室，避免客户投诉时的激烈情绪及批评在卖场散播。在客户进入接待室时，先请客户坐下，处理投诉前为客户提供茶水，并与客户并排入座，以消除与客户间的隔阂，建立易于沟通的良好氛围。当客户陈述投诉理由时不要随意打断客户的话，让其把话讲完，以避免影响客户的情绪。在倾听客户陈述时要诚恳耐心并准确记忆，尽量做到不让客户重述，以避免客户的火气升级。在倾听过程中，表情要严肃并流露出同情的神态，以向客户表示你对这件事情的关注和重视。在倾听客户陈述的过程中要适时给予回应，详细地记录下客户的投诉内容，以表示对其陈述予以关注。如客户说话太快，可以示意客户："对不起，请您慢慢讲，我会尽力帮助您的。"如确实没有听清楚，可以对客户说："对不起，我没有听清楚，请您重复一遍好吗？"

当客户陈述完投诉理由后，再开始对全过程进行详细询问和确认。在询问过程中，语速不易太快。语气要亲和，表情要真诚，以鼓励客户给予最好的配合。如客户表现出非常气愤、焦急、伤心等激动异常的情绪，首先要自我暗示，让自己保持冷静，再去安抚客户。安抚客户时，首先要从客户的角度出发，同情和理解客户。安抚语可采用："发生这样的事，真是够烦的，不过，我们应该积极面对才是对吗？""请您息怒，我非常理解您的心情，我们一定会竭尽全力帮助您的。"

在清楚整个事件全过程后，必须向客户核准你的记录，以便确认客户陈述的准确性。确认语可采用："刚才您所讲的是……好的！"或其他类似的话。

处理投诉问题时应告诉客户你将如何处理问题，什么时候可以得到答复并感谢他提出的问题；应当注意，不能没有了解清楚事实就盲目承认错误或做出处理投诉时限的承诺。

对客户合理的投诉应尽可能满足客户要求；卖场经理根据授权予以灵活处理。面对客户不合理的要求时，应态度明确，但语气不可强硬，详细、耐心、周到地为客户解释，得到客户的理解与配合。

凡在接待投诉客户时，不得先强调我方的理由，要从客户的角度出发，做合理的解释或澄清，并按照投诉处理流程及时处理，不得表露出对客户的轻视、不耐烦。

在解释过程中如客户提出异议不得与客户争辩，更不得找借口推卸责任。

当客户不认可或拒绝接受解决处理方案时，要耐心坦诚地向客户表明公司的限制；如客户对解决方案表示接受，要向客户道谢："谢谢您的合作"。

当遇到无法解决的投诉问题时，首先向客户致歉，求得客户的谅解，你这时可以说："对不起，您的问题目前暂时无法解决，请您留下联系电话，我们会尽快与您联系。对于由此给您带来的麻烦，还请您多多谅解，谢谢。"在送走客户后，按时限要求，及时将需要后台处理的投诉记录传递给相关部门处理。

附录二　岗位职责示例

1. 营业员岗位职责

（1）营业员要保持店面整洁，尤其是每天都要在营业前做好柜台、商品、环境及货架的卫生，要达到整洁、明亮、干净的状态。

（2）营业员要做到爱岗敬业，在对待客户的时候要有热情，要有耐心，遇到顾客有疑问的时候要细心解答，为顾客提供各种服务。

（3）在遇到商品不齐全的时候，要及时补充商品，在新货上架的时候，要及时上架。

（4）营业员要把商品摆放整齐，不能出现商品不足及乱摆乱放的现象。

（5）营业员要经常检查仓库里面的商品数量是否足够，在没有及时通知仓管补货的时候，尽量做到不出现断货的现象。

（6）营业员要遵守超市的各项规章制度，要遵守上下班的作息时间，要做到不早退、不迟到，不做与工作不相关的事情。

（7）商品到货的时候要认真点清验收的货品的数量并且结账，要及时上柜，仓库的存货要摆放好。

（8）营业员要努力提高自身的业务水平，要熟悉店内的每个商品的特征特性、产地、规格、价格及栽培知识，在遇到问题时要能够独立解决问题。

（9）营业时要保证两人以上营业，要认真做好销售记录，并且要严格管理营业员经手票据。

（10）营业员要时刻坚守工作岗位，不能无故串岗、离岗，如果有事情必须离岗的话，要事先向主管经理请假。

2. 导购员工作职责

（1）负责卖场商品的美观陈列。

（2）负责卖场所辖区域的卫生清洁，引导顾客遵守卖场公共秩序。

（3）负责卖场商品的物价标识和更换。

（4）负责对卖场商品的品质检查，控制商品在保质期内。超出保质期的商品要以书面形式上报给部门经理，再由部门经理以同样的方式报告给进货人员并及时做出处理。

（5）负责所管辖柜组内商品的退货、订货、换货工作及保修工作。

（6）负责对柜组内商品中不合格品、报损商品、残次品的书面形式登记。

（7）熟悉相关产品的知识，为顾客提供产品咨询和相关服务。

（8）负责货架排面整理、要货、补货、防损控制等工作。

（9）配合商场定期与不定期的盘点工作。

（10）绝对服从公司领导安排。